작은 흔들림이 남긴 것들

작은 흔들림이 남긴 것들

발행일	2025년 8월 31일			
지은이	이상민			
펴낸이	손형국			
펴낸곳	(주)북랩			
편집인	선일영		편집	김현아, 배진용, 김다빈, 김부경
디자인	이현수, 김민하, 임진형, 안유경		제작	박기성, 구성우, 이창영, 배상진
마케팅	김회란, 손화연, 박진관			
출판등록	2004. 12. 1(제2012-000051호)			
주소	서울특별시 금천구 가산디지털 1로 168, 우림라이온스밸리 B동 B111호, B113~115호			
홈페이지	www.book.co.kr			
전화번호	(02)2026-5777		팩스	(02)3159-9637
ISBN	979-11-7224-777-5 03810 (종이책)		979-11-7224-778-2 05810(전자책)	

잘못된 책은 구입한 곳에서 교환해드립니다.
이 책은 저작권법에 따라 보호받는 저작물이므로 무단 전재와 복제를 금합니다.
이 책은 (주)북랩이 보유한 리코 장비로 인쇄되었습니다.

(주)북랩 성공출판의 파트너

북랩 홈페이지와 패밀리 사이트에서 다양한 출판 솔루션을 만나 보세요!

홈페이지 book.co.kr • **블로그** blog.naver.com/essaybook • **출판문의** text@book.co.kr

---

작가 연락처 문의 ▶ ask.book.co.kr
작가 연락처는 개인정보이므로 북랩에서 알려드릴 수 없습니다.

작은 흔들림이
남긴 것들

이상민 지음

◆ 추천사 ◆

안이수(의형제 둘째)

마라톤을 완주해 본 사람은 압니다.
42.195km라는 숫자가 단순한 거리를 뜻하지 않는다는 것을요.
그건 고통을 견디는 인내의 길이자, 한 걸음 한 걸음을 포기하지 않는 용기의 시간입니다.
그 여정을 곁에서 지켜본 사람으로서 저는 감히 말할 수 있습니다.
이상민 작가는 끝까지 달릴 줄 아는 사람입니다.
조용히, 그러나 단단하게.
그는 늘 사람을 중심에 둡니다.
사람과 사람 사이의 온도를 읽고, 그 속에서 의미를 길어 올리는 사람입니다.
누군가의 말에 진심으로 귀 기울이고, 보이지 않는 상처 앞에서 먼저 손을 내미는 사람.
그 다정함은 격렬하지 않지만, 오래도록 잔잔한 물결처럼 마음에 남습니다.
저 역시, 삶이 사막처럼 건조하던 어느 날 그의 말 한마디에서 오아시스 같은 위로를 받은 적이 있습니다.

이 책은 그가 지나온 계절들과 그 속에서 길어 올린 문장들의 기록입니다.

누군가를 부러워하지 않아도 괜찮고, 뚜렷한 목표 없이도 잘 살아가고 있다고 말해 주는 이야기.

넘어져도 괜찮고, 멈춰 서도 된다고 다정하게 건네는 문장들입니다.

화려하진 않지만 그래서 더 진실하고, 고요하지만 그래서 더 깊이 닿습니다.

세상의 기준보다 '나'라는 존재를 들여다보게 해 주는 이 책은 우리 모두가 오랫동안 찾아 헤매던 조용한 쉼표 같은 존재가 되어 줄 것입니다.

'작은 흔들림' 속에서 빛을 건져 올리는 사람, 그가 써 내려가는 조용한 기록이 누군가에게는 시작이, 누군가에게는 위로가 되기를 바랍니다.

오늘도 그는, 묵묵히 달리고 있습니다.

◆ 추천사 ◆

안삼수 (의형제 셋째)

　스무 해가 넘는 시간 동안, 나는 이상민이라는 사람 곁에서 그의 삶을 함께 지켜보았습니다.
　'죽마고우'라는 말이 어울릴 만큼 우리는 유년을 함께 걸었고, 어른이 된 지금은 서로의 삶에 작은 등불이 되어 주며 긴 여정을 함께하고 있습니다.
　그는 언제나 조용한 사람이었습니다.
　쉽게 흥분하지 않고, 감정을 쉽게 드러내지 않으며, 늘 삶의 본질을 향해 묵묵히 걸어가는 사람.
　그 조용함 속에서 그는 자신에게 수없이 질문을 던졌고, 그 질문 끝에서 얻은 사유를 한 문장 한 문장으로 정직하게 빚어냈습니다.
　이 책은, 그렇게 다듬어진 그의 목소리입니다.
　그저 위로에 머물지 않고, 감상에 기대지 않으며, 복잡한 현실 속에서도 '나'를 잃지 않으려 애쓴 한 사람의 고백이자 기록입니다.
　혼란과 불안, 때로는 공허한 삶 앞에서 방향을 잃은 이들에게 이 책은 조용히 속삭입니다.
　"그저, 너로 있어도 괜찮아."

그 말은 쉬워 보이지만, 아무나 전할 수 없습니다.

이상민 작가는 그 말을 글로 전할 줄 아는 사람입니다.

그의 문장엔 그가 지나온 계절과 그 속에서 겪은 수많은 흔들림 그리고 고요한 믿음이 고스란히 스며 있습니다.

그래서 이 책은 읽는 글을 넘어, 마음으로 느끼는 이야기입니다.

어느 날 문득, 누군가 내 손을 다정히 잡아 주는 듯한 온기.

길을 잃은 마음에 조용히 등을 토닥여 주는 듯한 위로.

그런 감정들이 이 책의 문장마다 잔잔히 흘러 있습니다.

이번 책은 그의 네 번째 여정입니다.

그가 써 온 글들은 하나의 숲이 되었고, 그 숲은 이제 많은 이들이 숨 고르며 걸을 수 있는 '쉼의 길'이 되어 가고 있습니다.

앞으로도 그는, 이 책처럼 조용하지만 끈질기게 누군가의 마음을 밝혀 주고, 또 누군가의 걸음을 멈추지 않게 하는 사람이 될 것입니다.

그의 문장이 닿는 곳마다 마음이 조금 더 단단해지고, 조금 더 환해지길 바랍니다.

진심을 다해, 응원합니다.

| 차례 |

추천사
    안이수(의형제 둘째)   4
    안삼수(의형제 셋째)   6

프롤로그   12

제1장 나를 다독이는 일   **15**

괜찮아, 나야 / 내가 나를 다독일 때 / 비교는 그만 / 나를 사랑하는 연습 / 머그잔 하나 / 시간에 대하여 / 이름 없는 친절 / 실패라는 선물 / 엄마의 손 / 혼자라는 것 / 비 오는 날 / 길 잃기 / 말의 무게 / 잠시 멈춤 / 낡은 물건들 / 첫눈 / 익숙함의 온도 / 마음의 창문 / 개미인간 / 보통의 존재 / 어른 동화 / 라면의 사유 / 지구별 여행 / "괜찮아"라는 말보다 더 따뜻한 위로

제2장 흔들리는 날의 꿈　　　　　　　　　　**41**

상생 프로젝트 / 지금의 나 / 괜히 울컥하는 날엔 / 성냥팔이 소년 / 작은 불빛 / 다시 시작해도 돼 / 꿈이란 건 / 흔들릴 때는 / 꿈에도 휴식이 필요하다 / 사회 부적응자의 고백 / 지나치는 것들을 뾰족하게 마주할 때 / 상처받고 싶지 않은 내일 / 두 발은 현실에, 시선은 꿈에 / 타협이 아닌 선택 / 조용한 용기 / 두 세계 사이에서 / 현실이 꿈을 꺾을 때 / 한참을 걸어 나에게 간다 / 노력과 결실 / 슬픔과 기쁨 / 인생이라는 여행 / 나는 나를 사유한다 / 인생 모토 / 그래도, 나는 다시 꿈을 꾼다

제3장 현실과 꿈 사이에서　　　　　　　　**67**

열정 하나는 / 어쩌면 당신의 이야기 / 게으른 방랑자 / 직업으로서의 회사원 / 사라진 꿈 / 삶을 정리하는 힘 / 극복하는 힘 / 밤에만 꺼내 보는 꿈 / 안간힘 / 불도저 / 진짜 힘든 것 / 결혼 후 변화 / 우리는 계약직 인생 / 한계라는 이름의 벽 앞에서 / 변화의 두려움 / 워킹대디의 삶 / 고군분투 / 사이렌 / 악몽 / 슬픔 예찬 / 붉은 소나기 / 무서운 시선 / 아직도 가야 할 길 / 균형 위에 서 있는 나

제4장 어쩌면 가장 나다운 순간　　　　　　　93

10년의 법칙 / 깊은 생각 / 나를 알아봐 주는 사람 / 새로운 만남 / 할 수 있는 것들 / 갈망의 좋은 점 / 원 / 뚝심 / 선한 영향력 / 의형제 / 퇴근의 달콤함 / 정년 / 노력하면 바뀔 수 있는 것 / 자신감과 자존감 / 살면서 필요한 용기 / 자주 해야 하는 말 / 인간관계에서 알아야 할 것들 / 살아 있다는 증거 / 때론 힘들지만 / 나이라는 성숙함 / 청춘이라는 이름 / 다들 그렇게 / 꽃말의 진정한 의미 / 사랑의 언어

제5장 나를 대하는 태도　　　　　　　119

기다림의 미학 / 배려는 마음의 온도 / 익숙함 / 당당함의 사실 / 위로의 승리 / 사과의 안심 / 뜨거움과 따뜻함의 차이 / 기대를 넘어서 / 선물, 마음을 담은 작은 순간 / 편안함이라는 쉼표 / 시간의 기적 / 기분 좋은 소리 / 세상의 이치 / 마음의 휴식처 / 다정다감함 / 자격, 그 안에 담긴 마음 / 진정한 어른 / 상상의 날개 / 말보다 행동 / 그 이름, 친구 / 투지, 절대 꺼지지 않는 불꽃 / 착하다는 것 / 가장의 일 / 내가 나에게 보내는 칭찬

제6장 찬란하게 빛날 나를 위해 **145**

철칙 감성 / 반딧불 / 가능성, 마음속에 숨겨진 씨앗 / 조용한 무게의 균형 / 평범함과 특별함의 사이 / 햇살 한 줌의 따스함 / 시작한 뒤 안도 / 계획이라는 마음의 지도 / 잠시 멈춤의 계절 / 선행 학습의 정의 / 야경 속의 기억들 / 새벽에만 보이는 것 / 부모와 자식 / 밝은 색깔 / 충분함과 넉넉함의 차이 / 일당백 / 가족의 책임감 / 통쾌함과 후련함 / 찬란함에 숨겨진 인생 / 보조 배터리 충전 / 새로 고침 / 기염을 토하고 / 지금 여기

에필로그 170

| 프롤로그 |

삶은 생각보다 쉽게 흔들립니다.
특별한 이유 없이 마음이 내려앉고, 별일 아닌 말 한마디에 괜스레 울컥해지는 날들이 있습니다.
어제는 괜찮았던 일들이 오늘은 버겁고, 방금 전의 다짐조차 몇 분 지나지 않아 무너져 내리기도 합니다.
우리는 그렇게, 크고 요란한 무너짐이 아니라 조용하고 사소한 흔들림 속에서 조금씩 금이 가고, 조용히 부서져 갑니다.
그 흔들림은 때로 외로움이라는 이름으로, 때로는 무기력한 침묵이나 애써 삼킨 눈물로 다가옵니다.
"이대로 살아도 괜찮을까?"
"나는 잘하고 있는 걸까?"
내 안에서 던진 질문이 또 다른 질문을 낳고, 결국 마음 한구석을 천천히 갉아먹기 시작합니다.
하지만 그런 마음을 꺼내는 일은 여전히 쉽지 않습니다.
'괜찮은 척', '웃는 척', '강한 척'.

수많은 '척'들로 우리는 하루를 버텨 냅니다.

그러는 사이, 말하지 못한 감정들은 마음 깊은 곳에 묻히고, 그곳에서 서서히 굳어 상처가 됩니다.

그럼에도 우리는, 아주 작은 희망 하나를 붙잡고 누군가의 따뜻한 말 한마디에 다시 숨을 고르며 소소한 기쁨에 마음을 기댄 채 오늘을 살아 냅니다.

이 글은 그런 당신의 흔들림에 귀 기울이기 위한 이야기입니다.

쉽게 말할 수 없지만 결코 사소하지 않은 감정들, 누구에게도 들키고 싶지 않았던 마음의 결 그리고 그 속에서 조금씩 피어나는 회복과 성장의 기록입니다.

만약 이 글이 당신의 하루 끝, 고요한 마음 위로 가만히 내려앉는 숨결이 될 수 있다면 그것만으로 이 여정은 충분히 아름다웠다고, 조용히 말해 보고 싶습니다.

괜찮아, 나야 / 내가 나를 다독일 때 / 비교는 그만 / 나를 사랑하는 연습 / 머그잔 하나 / 시간에 대하여 / 이름 없는 친절 / 실패라는 선물 / 엄마의 손 / 혼자라는 것 / 비 오는 날 / 길 잃기 / 말의 무게 / 잠시 멈춤 / 낡은 물건들 / 첫눈 / 익숙함의 온도 / 마음의 창문 / 개미인간 / 보통의 존재 / 어른 동화 / 라면의 사유 / 지구별 여행 / "괜찮아"라는 말보다 더 따뜻한 위로

제 1 장

✳

나를 다독이는 일

괜찮아, 나야

아침에 눈을 떴는데, 세상은 벌써 한참을 달리고 있더라.
부랴부랴 일어나 세수를 하려다 그만 치약을 얼굴에 바를 뻔했고, 후다닥 옷을 챙겨 입고 나섰지만 양말은 짝짝이였고, 버스를 타고 앉았는데 이어폰은 귀에 꽂혀 있는데 정작 핸드폰은 집에 있더라고.
사람들이 힐끔힐끔 나를 쳐다봤다.
처음엔 잠깐, '내가 오늘 좀 괜찮은가?' 싶었는데 거울 속 내 이마엔 '2+1' 스티커가 반짝이고 있었다.
편의점 삼각김밥의 흔적이었다.
그 순간, 마음속에서 터져 나왔다.
"괜찮아… 나야."
세상이 너무 빠르게 돌아가고, 나만 혼자 엇박자로 걷는 것 같을 때. 하루가 시작되기도 전에 이미 엉망이 되어 버린 것 같은 날에도, 그래, 괜찮아.
왜냐하면… 그게 나니까.
어제도 좀 그랬고, 내일도 조금은 그럴 예정이지만 매일 실수해도, 매일 웃을 수 있다면 그걸로 충분하지 않을까.
세상이 나를 몰라줘도 괜찮아.
내가 나를 잘 아니까.
서툴고 실수투성이지만, 그게 바로 지금 여기 있는 나니까.
그러니 오늘도, 조용히 스스로에게 한마디.
괜찮아, 나야.
그걸로 충분해.

내가 나를 다독일 때

삶이 유난히 무겁게 느껴지는 날이 있다.
바람마저 날카롭게 스쳐 지나가, 마음 깊은 곳까지 스산해지는 그런 날.
그럴 때 나는 조용히, 아주 조용히 내 안의 나에게 손을 내민다.
"괜찮아. 잘하고 있어."
그 짧은 한마디가 단단히 닫혀 있던 마음의 문을 살며시 열고,
그 안에 조용히 웅크리고 있던 희망 하나를 꺼내 준다.
누구에게도 기대기 어려운 순간에도, 실수 앞에서 스스로를 자책하고 싶을 때에도, 내가 나에게 건네는 그 다정한 속삭임은 가장 안전한 안식처가 되어 준다.
나는 완벽하지 않아도 괜찮다.
조금 느려도 괜찮고, 가끔 멈춰 서도 괜찮다.
중요한 건 내 마음속 작은 불씨 하나.
그 불씨를 꺼뜨리지 않도록, 오늘도 나 스스로에게 조심스레 힘을 건네는 것.
그렇게 나는, 나를 지키고, 나를 사랑하는 법을 배워 간다.
세상의 수많은 위로보다 깊고 단단한 위로는 언제나 내 안에서부터 시작된다는 것을, 나는 이제 조금씩 알아 가고 있다.

비교는 그만

우리는 참 자주, 자신을 타인의 풍경 속에 세워 놓고 바라본다.
저 사람의 성취, 저 사람의 자리, 저 사람의 웃음 뒤에 감춰진
빛까지도 마치 나의 결핍인 듯 느껴질 때가 있다.
그러다 보면 내가 가진 것들은 작아 보이고, 내가 걸어온 길은
초라해 보이며, 내가 꿈꾸는 내일조차 희미해진다.
하지만 누군가의 길이 빛난다고 해서 내 길이 어둡다는 뜻은
아니다.
모든 꽃이 같은 계절에 피는 건 아니듯 우리의 시간도, 속도도,
리듬도 모두 다르다.
비교의 무게를 내려놓을 때, 비로소 나에게 집중할 수 있다.
타인의 눈이 아닌, 나의 숨결로 살아가는 일.
다른 사람의 시계가 아닌, 내 마음의 시간으로 걸어가는 일.
그 순간, 내 안의 가능성은 조금씩 고개를 들고, 작지만 선명한
행복이 천천히 피어난다.
비교는 그만.
나는 남이 될 수 없고, 남도 내가 될 수 없다.
지금 이 모습 그대로, 나는 나로서 충분하다.

나를 사랑하는 연습

나를 사랑하는 일은 생각보다 어렵다.
세상은 끊임없이 말한다.
'더 나아져야 해', '더 잘해야 해', '지금으로는 부족해'.
그 말에 우리는 스스로를 들여다보며 모자란 부분을 찾고, 있는 그대로의 나를 부끄러워하며 조용히 비난의 화살을 내게 겨눈다.
하지만 진짜 사랑은 누구에게 받는 것이 아니라 내 안에서 피어나는 것이다.
아침의 거울 앞에서 피곤한 얼굴에 따뜻한 눈길을 건네고, 실수한 날엔 나 자신을 꾸짖기보다 조용히 "괜찮아."라고 말해 주는 것.
나는 완벽하지 않다.
하지만 그 불완전함마저도 '나라는 사람을 이루는 중요한 조각임을 인정할 때, 내 안 어딘가에서 사랑은 천천히 자라기 시작한다.
나를 사랑한다는 건 내 선택을 믿어 주는 일이고, 지쳤을 땐 주저 없이 휴식을 건네주는 일이다.
그리고 가끔은, 조용히 스스로에게 이렇게 속삭이는 것이다.
"괜찮아. 잘하고 있어."
세상이 아무리 빠르게 흘러가도 나를 사랑하는 연습만큼은 절대 멈추지 말자.
그것이야말로 내 마음을 지켜 주는 가장 조용하고, 가장 아름다운 방식이니까.

머그잔 하나

아침 8시.
세상에서 가장 거대한 결정을 내려야 할 시간이 왔다. 커피일까, 차일까, 아니면… 그냥 다시 잠들까.
졸린 눈을 비비며 주방으로 향한다.
그 순간, 문득 어제 산 머그잔이 떠오른다. 하얀 바탕 위에 그려진 귀여운 고양이 한 마리.
하지만 그 고양이, 왠지 묘하게 나를 비웃는 듯한 눈빛이다.
"또 늦을 거잖아?"
잔잔히 그런 말을 건네는 것만 같다.
머그잔 하나 바꿨을 뿐인데 아침의 리듬이 달라졌다.
예전엔 종이컵에 대충 커피를 붓고 허겁지겁 집을 나서곤 했는데, 요즘은 이 머그잔을 꺼내는 순간부터 하루가 시작된다.
고양이 얼굴을 마주하고, 한 번 웃고, 한 번 망설이고, 때로는 그냥 포기하기도 하며.
"오늘은 뭘 마셔 볼까?"
혼잣말처럼 던진 질문에, 잔 속의 고양이가 눈을 찡긋하며 속삭이는 듯하다.
"에휴, 어차피 너 카페인 없으면 못 살아."
맞는 말이라 괜히 얄밉지만, 그 말에 또 피식 웃음이 난다.
우울한 월요일에도, 멍한 수요일에도, 느긋한 토요일 늦잠에도 이 작은 머그잔 하나가 하루의 문을 열어 준다.
세상엔 중요한 것들이 참 많지만, 오늘 하루를 가장 따뜻하게 시작하게 해 준 건 바로 이 머그잔 하나였다.
고맙다, 고양이 머그야.
너는 내 인생의 작은 사치이자, 작지만 확실한 위로.

시간에 대하여

시간은 우리 삶의 가장 기본적인 틀이다.
하루는 24시간, 1년은 365일.
모두에게 똑같이 주어지지만 그 안에 담기는 이야기는
제각각이다.
시간은 흐른다.
멈추지 않고, 되돌릴 수도 없이 한 방향으로만 조용히 흘러간다.
하지만 그 시간을 무엇으로, 어떻게 채우느냐에 따라 인생은
전혀 다른 결을 띠게 된다.
누군가는 그 시간을 꿈으로 빚고, 누군가는 무심히 흘려보낸다.
어떤 시간은 무게를 지녔고, 어떤 순간은 날개를 달았다.
우리는 늘 시간이 부족하다고 말한다. 더 많이, 더 빨리, 더 멀리
가야 한다며 조급한 마음으로 오늘을 재촉한다.
하지만 시간은 손가락 사이로 스르르 빠져나가는 모래 같다.
붙잡을 수 없기에 더욱 소중하고 아릿하다.
그래서 우리는 배운다. 지금 이 순간에 마음을 온전히 담는 것이
시간을 가장 값지게 쓰는 방법이라는 것을.
그리고 또 하나, 시간은 놀라운 치유의 힘을 품고 있다.
어제의 상처도, 오늘의 불안도 시간이 지나면 언젠가는
희미해지고, 그 자리를 다시 기쁨과 가능성이 채운다.
시간은 우리를 조금씩 단단하게 만든다. 실패 앞에서 무너지지
않도록, 성공 앞에서 교만하지 않도록.
결국 시간은, 우리에게 주어진 가장 정직한 선물이다.
모양도, 색도 없는 그 선물을 무엇으로 채울지는 오롯이 우리의
몫이다.

이름 없는 친절

세상에는 이름 없이 건네는 친절이 있다.
환한 미소 한 줌, 말 대신 건네는 손길 하나, 바쁜 걸음을 멈추고
문을 붙잡아 주는 아주 작은 배려.
그 누구에게도 자랑하지 않고, 기억되기를 바라지도 않으며,
그저 스쳐 지나가듯 조용히 남겨지는 따뜻한 마음.
그런 친절이야말로 세상을 조금 더 아름답게 만든다.
이름 없는 친절은 대가를 바라지 않는다.
그래서 더 순수하고, 그래서 더 깊다.
누구도 모를 그 순간, 한 사람의 마음속에 고요히 내려앉아
언젠가 또 다른 친절로 흘러간다.
우리는 그런 친절 위에서 살아간다.
알게 모르게 누군가에게 기대어 있고, 어느 날은 나 또한 또
다른 누군가에게 조용한 기댐이 된다.
가장 빛나는 것들은 언제나 이름이 없다.
햇살도, 바람도 그리고 그런 친절도, 오늘도, 누군가의 하루를
조금 덜 외롭게 해 주는 그 작은 친절 하나가 세상을 견디게
하는 조용한 용기이기를 바란다.

실패라는 선물

우리는 모두 성공이라는 빛나는 꿈을 안고 살아간다.
그러나 그 길 위에는 언제나 실패라는 그림자가 먼저 다가온다.
실패는 고통스럽고 낯설며, 때로는 깊은 부끄러움으로 우리를 무겁게 한다.
하지만 뒤돌아보면, 그 실패야말로 가장 큰 선물이었다.
실패는 우리에게 겸손을 가르친다.
모든 것을 다 할 수 있을 것 같던 자신에게 잠시 멈추라고, 숨 고르라고 속삭인다.
그 멈춤 속에서 우리는 비로소 다시 일어설 힘을 배운다.
실패는 우리의 시야를 넓힌다.
닫힌 문 앞에서 멈추지 않고 다른 길을 찾아야 한다는 것을, 그 길이 어쩌면 더 나은 길임을 시간이 지나서야 깨닫게 한다.
또한 실패는 묻는다.
"정말 너의 길이었니?"
때로는 멈춰 서서 돌아보게 하고, 때로는 용기 내어 방향을 바꾸게 한다.
그래서 실패는 성공보다 더 많은 것을 우리에게 남긴다.
더 깊은 통찰과 더 단단한 마음 그리고 더욱 진실한 '나' 자신을.
실패는 부끄러운 낙인이 아니라 삶이 건네는 조용한 선물이다.
그 선물을 온전히 품을 때, 우리는 비로소 진짜 나로 성장해 간다.

엄마의 손

엄마의 손은 언제나 내게 가장 큰 위로였고, 가장 단단한 힘이었다.
작고 부드러운 그 손끝에는 세상을 감쌀 만큼 따스한 온기가 담겨 있었다.
어린 시절, 넘어져서 울음을 터뜨릴 때면 엄마는 말없이 손을 내밀어 나를 일으켜 세웠다. 그 손길은 마법처럼 마음 깊은 상처를 조용히 어루만졌다.
엄마의 손은 고단한 하루에도 쉬지 않고 움직였다.
밥을 짓고, 빨래를 하고 그리고 지친 내 머리를 살며시 쓰다듬어 주던 그 손. 그 안에는 사랑과 희생이 고스란히 스며 있었다.
그 손이 있었기에 나는 언제나 안전했고, 무한한 사랑의 품 안에서 자랄 수 있었다.
시간은 흘러 나도 어른이 되었지만, 엄마의 손은 여전히 내 마음속 가장 소중한 기억이자 가장 평온한 안식처다.
그 손을 잡으면 언제나 따스함이 전해져 오고, 아무리 깊은 어둠 속에서도 다시 일어설 용기가 솟아난다.
엄마의 손.
그것은 내 인생의 축복이며, 영원히 가슴 한편에 머무를 사랑의 형태다.

혼자라는 것

혼자라는 건 세상과 살짝 떨어져 있는 듯한 외로움을 안겨 줄 때도 있지만, 사실은 가장 깊이 나 자신과 마주하는 순간이다.
혼자인 시간, 우리는 바깥의 소음과 남의 기대에서 잠시 벗어나 내면 깊숙한 곳에서 울려오는 나만의 목소리에 귀 기울인다.
그 시간은 나를 더 깊이 이해하고, 진짜 '나'를 발견하는 귀한 선물이다.
혼자라는 것은 외로움과 다르다. 오히려 혼자이기에 내 마음의 평화를 찾아내고, 스스로를 사랑할 힘을 키워 간다.
누군가 없이도 온전한 사람이 될 수 있음을 깨닫는 것, 그것이 혼자 있는 시간의 진정한 가치다.
세상의 소란 속에서도 우리에게는 가끔씩 혼자만의 시간이 필요하다.
그 시간은 충전이며, 성찰이고, 다시 나아갈 준비다. 그래서 다시 세상과 마주할 용기를 가슴 깊이 품을 수 있다.
혼자는 고독이 아니다. 자신과의 깊은 만남이며, 새로운 성장의 시작이다.
오늘, 혼자 있음을 두려워 말자.
그 고요한 시간 속에서 나만의 이야기가 조용히 피어오르도록 천천히 써 내려가 보자.

비 오는 날

빗방울이 하나둘 창문을 두드리면 세상은 잠시 숨을 고른다.
바쁘게 흘러가던 하루가 멈추고, 마음도 함께 잔잔해진다.
비 내리는 소리는 자연이 들려주는 자장가 같아 복잡한
생각들을 깨끗이 씻어 내고 새로운 시작을 살며시 알린다.
우산 아래 서서 빗줄기를 바라보다 보면 지나온 시간들이
물결처럼 흘러간다.
그 속에서 조용히 나 자신을 마주하고, 소소한 것들에 감사하는
마음이 자라난다.
비 오는 날, 따뜻한 차 한잔과 조용한 음악 한 곡이 진짜 나와
만나는 시간이 된다.
느릿한 마음, 우산 속 작은 세계가 유난히 따뜻하게 다가오는
그런 날. 잠시 멍하니 창밖을 바라보는 것만으로도 위로가 되는 날.
누군가는 비를 싫어하겠지만, 우리는 가끔 눈물 없이도 마음을
씻어 내는 시간이 필요하다.
비 오는 날은, 바로 그런 날이다.

길 잃기

우리는 모두 언젠가, 길을 잃는다.
눈앞에 펼쳐진 길이 어느새 사라지고, 어디로 가야 할지 몰라 발걸음이 멈출 때가 있다.
그 순간은 두렵고 막막하다.
하지만 길을 잃는다는 건 단순한 실패가 아니라 새로운 시작을 알리는 조용한 신호일지도 모른다.
길을 잃으면 우리는 멈춘다. 그리고 처음으로 주위를 천천히 둘러본다.
익숙한 방향이 아닌 낯선 풍경 속에서 그동안 지나쳐 버렸던 것들을 발견한다.
바람에 살랑이는 나뭇잎 하나, 발끝에 차인 작은 돌멩이 하나, 숲속에 흘러나오는 새들의 맑은 노래.
길을 잃어야만 비로소 눈에 들어오는 것들이 있다.
또한 그 시간은 스스로 다시 들여다보는 시간이기도 하다.
지금까지 걸어온 길이 정말 나의 길이었는지, 내가 진짜 원하는 방향은 어디인지 묻고 또 묻는 과정이다.
그 질문 끝에 우리는 한층 더 깊어진 '나'와 조우한다.
길을 잃는 것은 때로 두렵지만, 그 안에는 반드시 새로운 길을 발견할 가능성이 숨어 있다.
그러니 당황하지 말자.
인생에서 길을 잃는 순간은 어쩌면 가장 솔직하게, 진짜 나를 만나는 시간이니까.

말의 무게

말은 단순한 소리가 아니다. 그 안에는 마음이 담기고, 의도가 숨 쉰다.
가볍게 흘러나온 말 한마디가 누군가에게는 지울 수 없는 상처가 되기도 하고, 반대로 평생 가슴에 남을 위로가 되기도 한다.
말은 씨앗과 같다.
어떤 말은 누군가의 마음속에 조용히 꽃을 피우고, 또 어떤 말은 뿌리 깊은 상처로 남는다. 그래서 말은 늘 책임을 요구한다.
무심코 던진 말 한마디가 누군가의 하루를, 삶을 흔들 수 있기에 우리는 언제나 말의 무게를 헤아려야 한다.
말의 무게는 진심에서 온다.
진심 어린 말은 관계를 굳건히 다지고, 신뢰와 존중의 성을 쌓는다.
반면, 허세와 거짓이 뒤섞인 말은 언젠가 무너져 내리고, 마음 사이에 균열을 만든다.
우리는 하루에도 수많은 말을 한다.
그 말들이 쌓여 나의 인격이 되고, 관계가 되고, 기억이 된다.
말의 무게를 알고 그 무게를 품을 때, 비로소 우리는 더 깊은 사람과 더 진실한 사랑을 나눌 수 있다.

잠시 멈춤

우리는 늘 바쁘게 움직인다.
쉴 틈 없이 달리고, 끊임없이 무언가를 쌓아 올리려 애쓴다.
하지만 때로는, '잠시 멈춤'이 필요하다.
그 순간은 단순한 휴식이 아니다.
나 자신을 돌아보고, 흐트러진 마음을 다잡으며, 앞으로 나아갈 길을 다시 그려 보는 소중한 시간이자 선물이다.
멈춤은 게으름이 아니고, 실패도 아니다.
오히려 더 깊이 생각하고, 진짜 원하는 것을 발견하는 눈부신 기회다.
바쁜 일상 속에서 멈출 줄 아는 용기야말로 스스로를 향한 가장 따뜻한 배려며, 내면의 목소리에 귀 기울이는 지혜다.
가끔은 숨을 고르며 마음의 눈으로 세상을 바라보자.
그 짧은 멈춤이 더 큰 도약을 위한 단단한 발판이 될 것이다.
모두가 앞만 보고 달릴 때, 나는 잠시 멈췄다.
그리고 뒤처졌다는 조급함 속에서 조용히 피어난 작은 꽃 한 송이를 발견했다. 쉬어 가는 것도, 인생의 아름다운 일부임을.

낡은 물건들

물건은 시간이 흐를수록 단순한 '사용의 대상'을 넘어선다.
낡은 물건들은 세월의 숨결을 품고, 그 속에 조용한 이야기를 간직한다.
빛바랜 책장, 갈라진 나무 의자, 멈춰 선 시계 속에는 한때의 손길과 시간의 깊이가 스며 있다.
새것이 주는 반짝임과는 다른, 더 진하고 더 따스한 감성이 그 안에 흐른다. 낡은 물건은 잊고 있던 기억들을 불러낸다.
누군가의 웃음소리, 땀방울 그리고 오랜 기다림의 시간들.
그것들을 마주할 때 우리는 단순한 '물건'을 넘어서 '시간의 조각'을 만난다.
낡음을 소중히 여긴다는 것은 우리 과거를 품는 일이다. 그 안에서 삶의 깊이와 의미를 다시 발견한다.
책상 서랍 안의 오래된 사진, 빛바랜 편지, 긁힌 시계 하나.
이미 쓸모를 잃었지만 그 속엔 시간이 깃들어 있다.
버릴 수 없는 이유는, 그 안에 내 한 시절이 살아 숨 쉬고 있기 때문이다.

첫눈

하늘이 천천히, 하얀 이불을 조심스레 펼치듯 세상 위로 첫눈이 내려앉는 순간, 모든 것이 잠시 멈춘다.
첫눈은 낯설면서도 반갑다. 오랜 친구처럼 조용히 다가와 차가운 공기 속에 부드럽게 안긴다.
작고 고운 눈송이 하나하나는 순수함과 희망을 품은 작은 선물 같다.
첫눈은 잠시 멈춰 서서 지나온 시간을 돌아보게 하고, 어린 시절의 설렘을 다시 꺼내어 보여 준다.
발걸음마다 사뿐히 내려앉는 눈. 그 위를 걸을 때면 마음 한편이 따스하게 녹아내린다.
첫눈이 내리는 날, 세상은 조금 더 깨끗해지고 우리 마음에도 새로운 꿈이 피어난다.
첫눈은 늘 조용히 온다.
어디선가 세상이 하얘지고, 마음도 덩달아 부드러워진다.
그리고 그 사람에게도 다시 처음처럼 가만히 다가가고 싶어진다.

익숙함의 온도

익숙함은 마치 온도와 같다.
처음에는 낯설고 차가워 몸을 움츠리게 만들지만, 시간이 흐르면 서서히 미지근한 온기로 스며든다.
그 온도는 조금씩 따뜻해져 난로처럼 마음을 감싸안고, 가장 편안한 안식처가 된다.
익숙한 사람의 목소리, 익숙한 공간의 향기, 매일 반복되는 소소한 루틴들.
그러나 익숙함은 언제나 같지 않다. 지나친 익숙함은 오히려 관계를 식게 하고, 마음을 차갑게 만들기도 한다.
그럴 땐 다시 손을 내밀어야 한다.
작은 말 한마디, 따뜻한 시선, 조용한 관심 하나가 익숙함의 온도를 다시 데운다.
익숙함은 결국 서로가 주고받는 온기의 이야기다.
뜨겁지도, 차갑지도 않은, 딱 그만큼의 포근한 온기. 그 온도가 우리 삶을 살아가게 하는 힘이다.
오래된 카페의 나지막한 음악, 자주 걷던 골목길의 바람, 매일 귓가에 맴도는 노래 한 소절. 그 별것 아닌 일상이지만, 그 익숙함이 내 하루를 견고히 지탱한다.
새로움보다 더 따뜻한 것은, 익숙함이 주는 깊고도 고요한 안도감이다.

마음의 창문

아침에 눈을 뜨자마자 창문을 열었다.
찬바람 대신, 고양이 한 마리가 힐끗 쳐다보며 "야옹" 하고 인사했다.
그 순간 문득 생각했다.
'아, 마음의 창문도 이렇게 활짝 열리면 좋겠다.'
우리는 매일 아침 창문은 열면서도, 정작 마음은 잘 열지 않는다.
커튼은 활짝 걷지만 표정은 여전히 '절전 모드'고, 누군가 인사를 건네도 그저 고개만 까딱할 뿐이다. 마음의 창문은 자동 잠금장치라도 달린 듯 쉽게 열리지 않는다.
그러나 그날, 고양이의 "야옹" 한마디가 내 마음의 커튼을 살며시 걷어 냈다. 뜻밖의 작은 인사에 기분은 한결 가벼워졌고, 커피 한 잔도 더 달콤하게 느껴졌다.
출근길에는 모르는 강아지에게 "안녕~" 하고 손을 흔들었다.
강아지는 무심했지만, 내 마음의 창문은 조금 더 활짝 열려 있었다.
사람도 마찬가지다.
누군가에게 "오늘 참 예쁘시네요.", "기분 좋아 보여요." 같은 말을 건네 보자.
그것은 마음의 창문을 톡톡 두드리는 따뜻한 손짓이다.
상대의 창문이 열릴 수도, 못 들은 척 닫힐 수도 있지만, 괜찮다.
중요한 것은 우리가 창문을 열 의지가 있다는 사실이다.
가끔은 빗방울이 들어오고, 먼지가 쌓이며, 시끄러운 소리도 밀려들겠지만, 그래도 닫힌 마음보다는 열린 창문이 더 신선한 바람을 부른다.
오늘, 당신의 마음 창문은 얼마나 활짝 열려 있는가.

개미인간

나는 오늘도 작은 개미가 되어 끝없는 길 위를 묵묵히 걷는다.
누군가에겐 보이지 않는 미세한 존재, 그저 땅바닥에 바짝 붙어
조용히 자신의 일을 해내는 개미처럼.
커다란 세상에서 나는 작은 몸집과 느린 걸음으로 사소한
일상을 쌓아 올린다.
때로는 무거운 짐을 등에 지고, 때로는 바람에 흔들리지만 그
작은 발걸음 하나하나가 모여 내 삶의 궤적을 그린다.
개미는 위대하지 않다.
그러나 그 작고도 끈질긴 움직임이 세상을 움직이는 힘이 된다.
나도 그렇다.
크게 빛나지 않아도 괜찮다.
눈에 띄지 않아도 괜찮다.
나는 오늘도 내 마음의 길을 따라 조용히, 하지만 꾸준히
나아간다.
그 작은 존재가 쌓아 올리는 하루하루가 결국 내 인생의
아름다운 흔적임을 믿으며.

보통의 존재

나는 특별하지 않다.
눈부신 재능도, 세상을 흔들 한마디도 없지만, 그저 하루를
묵묵히 살아 내는 조용한 '보통의 존재'일 뿐이다.
아침 햇살에 눈을 뜨고, 커피 한 잔의 온기를 느끼며, 하루의
무게를 어깨에 짊어진다. 그리고 저녁 어스름 속에서 숨을
고른다, 또 그렇게.
가끔은 그런 내가 생각보다 괜찮아 보이기도 한다.
누군가에게 슬며시 미소를 건네고, 누군가의 이야기에 조용히
귀 기울이며, 그 작은 순간들이 누군가의 하루를 조금 더
따뜻하게 만들었을지도 모른다.
세상이 요구하는 화려함에 눌려 내 가치를 의심하던 날도
많았다. 남과 나를 비교하며 내 마음을 쥐어짜고, 작은 실수
앞에서도 스스로를 몰아세웠다.
하지만 어느 순간, 깨달았다.
누군가의 평범한 하루 속에 내가 자리하고 있었다는 것, 그저
곁에 있어 주는 것만으로도 어떤 위로와 힘이 된다는 것을.
그 안에는 수많은 사랑과 인내가 스며 있고, 작지만 단단히
빛나는 온기가 있다.
그 빛은 서서히, 조용히 서로를 비추며 우리의 하루를 따스하게
만든다.
나는 오늘도 그렇게, 보통의 존재로서 나만의 빛을 품고
살아간다.

어른 동화

어른이 된 우리는 더 이상 동화 속 주인공이 아니다.
하지만 가끔은 바쁘고 무거운 하루 속에서 조용히 동화책을 펼치는 마음이 필요하다.
세상의 시선과 규칙에 눌려 숨죽이고 달려온 우리 안에 아직도 작은 아이가 살고 있다. 그 아이는 별빛을 바라보며 순수한 꿈을 꾼다.
어른 동화는 눈에 보이지 않는 마음의 이야기다.
환상과 현실이 뒤섞인 그곳에서 우리는 다시 한번 용기와 희망을 배운다.
때로는 지친 어깨를 토닥이는 나무가 되고, 때로는 멀리서 손짓하는 빛이 되어 우리의 길을 비춘다.
어른 동화는 끝나지 않는 여행이다. 삶이라는 숲속에서 길을 잃고, 또 찾으며, 그 과정 속에서 진짜 나를 만나 가는 이야기.
비록 현실은 동화처럼 반짝이지 않아도 우리 마음속 어른 동화는 오늘도 조용히 피어난다.
그 속에서 우리는 작은 기적을 믿고, 무심한 세상에 맞서 조용한 용기로 걸어간다.
어른이 된다는 것은 동화를 잃는 것이 아니라, 스스로 동화가 되는 일이다.

라면의 사유

끓는 물속에서 너는 조용히 고개를 숙인다.
마치 아직 말하지 못한 슬픔을 품은 듯, 불꽃 위에서 부드럽게
몸을 맡긴다.
나는 묻는다.
"왜 그렇게 빨리 익는 거니? 그 뜨거운 순간만으로 네 모든 것을
내어 주려는 걸까."
너는 말이 없지만 면발은 잔잔한 파도처럼 떨리고, 수프는
은은한 진실처럼 서서히 물 위로 번져 간다.
그 침묵 속에 말보다 깊은 언어가 담겼음을 나는 안다.
삶은 겉으로 보면 단순해 보여도, 그 안에 담긴 무게는
누구에게나 제각각 다르다.
아마도 너는 알고 있겠지. 잠시 타오르는 그 뜨거움이 짧은
시간이라도 누군가에게 따뜻한 위로가 된다는 것을.
그래서 네가 담긴 소박한 그릇 안에서도 넌 당당하다.
젓가락을 들며 나는 다시 묻는다.
"살아간다는 것은, 결국 무엇인가."
마지막 김을 피워 올리며 너는 말 없는 대답을 건넨다.
그 뜨겁고 조용한 침묵, 그것이 너의 철학임을.

지구별 여행

끝없이 펼쳐진 하늘 아래, 푸른 별 하나를 품은 작은 여행자가
걸어간다.
바람은 속삭임으로 마음을 어루만지고, 햇살은 따스한 손길로
어깨를 감싼다.
발끝이 닿는 땅마다 숨겨진 이야기들이 조용히 피어난다.
지구별은 단순한 행성이 아니다.
수많은 꿈과 희망이 숨 쉬는, 우리 모두의 작은 우주다.
길 위에서 마주친 낯선 얼굴들은 어느새 기억의 시 한 편으로
남고, 발길 닿는 곳곳마다 내 마음도 조금씩 깊어지고 자란다.
바다의 숨결은 깊고 넓으며, 산은 고요히 속삭인다.
별들이 쏟아지는 밤하늘 아래, 나는 조용히 나 자신과
마주한다.
여행은 결국 나를 찾아가는 길, 푸른 지구별 위에 흩어진 내
조각들을 모으는 시간이다.

"괜찮아"라는 말보다 더 따뜻한 위로

가장 어둡고 힘겨웠던 그 순간을 떠올린다.
누군가의 위로나 조언이 아닌, 내 안 깊은 곳에서 조용히 건네진
한마디가 있었다.
"이만하면 충분히 잘하고 있어."
그 말은 가슴속 어둠을 비집고 스며들어 나를 부드럽게
감싸안았다.
우리는 늘 남을 위로하느라 정작 가장 필요한 위로를 자기
자신에게는 미뤄 둔다.
모든 걸 감내하고, 이해하며, 꾹 참다 보면 어느새 마음 한편은
텅 빈 채로 남는다.
그럴 때 필요한 건 화려한 위로도, 큰 변화도 아니다.
그저 나를 다독이는 작고 소중한 친절 하나일 뿐이다.
스스로를 쓰다듬는 일은 약함의 고백이 아니라, 가장 단단한
용기의 첫걸음이다.
누구도 알아주지 않아도 괜찮다.
오늘의 나를 조용히 받아들이고 부드럽게 안아 줄 수 있는
사람이 바로 나 자신이라면, 그걸로 충분하다.

상생 프로젝트

지금의 나

괜히 울컥하는 날엔

성냥팔이 소년

작은 불빛

다시 시작해도 돼

꿈이란 건

흔들릴 때는

꿈에도 휴식이 필요하다

사회 부적응자의 고백

지나치는 것들을 뾰족하게 마주할 때

상처받고 싶지 않은 내일

두 발은 현실에, 시선은 꿈에

타협이 아닌 선택

조용한 용기

두 세계 사이에서

현실이 꿈을 꺾을 때

한참을 걸어 나에게 간다

노력과 결실

슬픔과 기쁨

인생이라는 여행

나는 나를 사유한다

인생 모토

그래도, 나는 다시 꿈을 꾼다

제 2 장

✶

흔들리는 날의 꿈

상생 프로젝트

세상은 혼자 살 수 없는 연못과 같다.
어떤 물방울도 홀로 있지 않고, 서로의 파동을 따라 흔들리며
함께 살아간다.
상생이란, 그 물결 위에 놓인 다리다. 서로의 다름을 인정하고,
작은 손길 하나가 모여 더 큰 온기를 만들어 내는 과정이다.
우리는 저마다 다른 빛깔과 결을 가진 나무 같다.
서로 다른 뿌리를 내리지만 함께 자라며 숲을 이루어 가는 것.
서로의 그늘 아래 쉬고, 바람을 나누며 결국 하나의 숲으로
완성된다.
이 프로젝트는 단순한 협력이 아니다.
서로의 약함을 숨기지 않고 마주하며, 함께 넘어지고 다시
일어서는 약속이다.
서로가 가진 작은 불씨가 모여 어둠 속에서도 빛을 잃지 않는 큰
불꽃으로 번진다. 그 불꽃은 각자의 길을 비추고, 세상을 조금
더 따뜻하게 만든다.
상생은 나눔이고, 기다림이며, 서로의 마음을 조용히
어루만지는 일이다.
우리 모두가 함께 손을 맞잡을 때, 비로소 진짜 변화가
시작된다.
오늘도 조용히, 서로의 온기를 나누는 상생의 여정이 이어진다.

지금의 나

가끔은 멈춰 서서, 지금 여기 서 있는 나를 마주한다.
걸어온 길을 돌아보면 그 속엔 수많은 눈물과 웃음이 숨 쉬고,
조용히 남겨진 발자국들이 나지막이 이야기를 건넨다.
누군가는 알지 못했을, 깊고 긴 나의 밤들, 포기하고 싶던
마음을 꾹 누르고 견뎌낸 날들.
불안과 두려움이 내려앉은 그 순간에도 나는 어김없이 나를
잃지 않았다.
그래서 지금, 나 자신에게 조용히 속삭인다.
"수고했어. 잘 버텼어."
완벽하지 않아도 괜찮아. 남들과 다른 길을 걸어도 좋아.
그 모든 상처와 흔적을 안고 나는 이곳에 서 있다.
그 자체로 충분히 빛나고, 그 자체로 아름다운 존재임을.
지금의 나를 사랑하자.
부족함과 흠결마저 자라나는 나의 일부임을.
그리고 내일의 나에게도 손을 내밀어 말하자.
"우리, 앞으로도 함께 잘해 낼 거야."

괜히 울컥하는 날엔

괜히 울컥하는 날이 있다.
별일은 없는데 마음 한편이 묵직해지고, 혼자서 드라마 속 주인공처럼 창밖을 멍하니 바라보게 되는 그런 날.
그날은 꼭 뭔가를 쏟거나, 발에 걸려 넘어지거나, 지하철 문에 딱 끼어 "띠-띠-띠-띠-!" 경고음이 울린다.
모든 시선이 나를 향하는 그 순간에도, 내가 필요한 건 거창한 위로나 대단한 조언이 아니다.
그저 소소한 웃음 한 줌, 작은 유쾌함 한 조각일 뿐이다.
편의점 삼각김밥 유통 기한이 내일까지라면? 오늘 하루를 더 버텼다는 우주의 작은 선물이고, 거울 속 짙은 다크서클은 어제도 최선을 다해 살아 냈다는 증거. 우산 없이 비에 젖은 몸은 뜻밖의 현실 속 한 편의 짧은 영화가 된다.
그렇게 작은 사고들이 하루의 소소한 코미디가 되어 준다.
한참 웃다 보면, 무거웠던 마음도 "에이, 뭐 어때." 하며 조금은 풀린다.
괜히 울컥하는 날엔, 괜히 웃어 보자.
괜히 좋아하는 음식을 입에 넣고, 괜히 친구에게 전화를 걸어 "너도 오늘 좀 웃겨 봐." 하자.
삶은 너무 무겁게만 짊어질 필요 없다.
내 마음이 하나의 드라마라면, 그 장르가 로맨스든 코미디든 오늘 하루만큼은 스스로에게 따뜻한 웃음을 선물하자.

성냥팔이 소년

찬바람이 뼛속까지 스미던 어느 겨울밤, 작은 손에 쥔 성냥 한 개비가 어둠을 밀어내고 있었다.
그 불꽃은 무겁고 차가운 세상 속 소년의 작은 숨결이자, 간절한 바람의 표상이었다.
한 줄기 빛이 꺼져 가는 희망이라도, 소년은 그것을 놓지 않았다.
추위에 얼어붙은 몸과 마음 사이로 그 불꽃은 따스한 기억과 꿈을 피워 올렸다.
우리는 종종 불꽃 같은 순간들을 잊고 산다.
바쁘고 거친 세상에 치여 그 작은 빛마저 무심히 지나친다.
그러나 성냥팔이 소년은 가르쳐 준다.
가장 어두운 밤에도 작은 불씨 하나가 세상을 환하게 비출 수 있음을. 그 불꽃 속에는 아픔과 외로움 그리고 그리움이 녹아 있지만, 그 모든 것을 견뎌 내고 다시 일어서는 힘이 담겨 있다.
성냥팔이 소년의 작은 불꽃은 우리 안의 희망이며, 삶의 고단함 속에서도 꺼지지 않는 따뜻한 용기다.
그리하여 오늘, 우리가 손에 든 불빛을 다시 한번 바라본다.
설령 바람이 불어도, 눈보라가 휘몰아쳐도 작은 불씨를 잃지 않겠다는 다짐과 함께.
그 불꽃이 모여 세상을 조금 더 따뜻하게 만들기를, 소년처럼 오늘도 작지만 강한 희망을 품어 본다.

작은 불빛

전기세를 아끼겠다며 LED 전구 하나만 켜 두고 지내던 밤이었다.
방 안은 희미한 어둠에 잠겨 있었고, 내 마음도 그 빛처럼 흐릿하게 빛났다.
그런데 그날, 그 작은 불빛 아래서 뜻밖의 일이 일어났다.
어느새 책상 한쪽에서 조용한 웃음소리가 들려왔다.
"푸흐흐… 또 라면이야? 이번 주에만 다섯 개째라며."
주위를 둘러보았지만, 방에는 나 혼자뿐이었다.
다시 들려오는 속삭임.
"그렇게 계속 살면… 귀여워지는 거 알아?"
불빛이 말을 한다니, 믿기 어려웠지만 고개를 들어 전구를 바라보았다.
그 작은 빛이 살짝 깜빡이며 장난스레 웃는 듯했다.
"너, 불빛이 말을 하는 거야?"
"응, 사실 우리 불빛들은 다 말을 해. 그저 네가 너무 바쁘고, 너무 지쳐서 못 듣고 있을 뿐이야."
나는 멍하니 그 불빛을 바라보다가 어느새 피식 웃음이 났다.
갑자기 그 방이 더 이상 외롭지 않았다.
오히려 따뜻한 온기가 스며들었다.
"고마워. 네가 있어서 다행이야."
불빛은 또 한 번 반짝이며 대답했다.
"언제나 네 옆에 있을게. 하지만 이제 라면 말고 채소 좀 먹자, 응?"
그날 이후, 나는 전기세를 조금 더 내기로 했다.
왜냐하면 불빛 친구들이 점점 말이 많아졌거든.

다시 시작해도 돼

새 운동화를 처음 신는 그 설렘, 첫 페이지를 넘길 때 나는 낯선
종이 냄새, 그리고 일요일 밤 11시 59분, 조용히 속으로 되뇌는
"월요일부터 다이어트".
우리는 모두 알고 있다.
처음은 언제나 특별하다는 걸, 그리고 다시 시작하는 일은 결코
부끄러운 게 아니란 걸.
아침 알람을 끄고 다시 잠든 나, 어제도, 오늘도 다이어트는
살짝 무너졌지만, 운동복만 사고 헬스장은 먼 그대, 공부하다가
고양이 영상에 웃음 짓는 그대도.
괜찮다. 지금 이 순간부터 다시 시작하면 된다.
다짐이 백 번 넘어져도, 101번째는 무의미하지 않다.
처음이 아니라고 해서 다시 시작할 자격마저 없는 건 아니니까.
꾸준히 가는 사람보다 넘어졌다가 털고 일어나는 사람이 더
빛나 보이는 법이다.
시작은 언제나 자유롭다.
인생은 리셋 버튼 없는 게임이지만, '새로 고침(F5)' 버튼은
언제든 눌러도 된다.
오늘도 마음속으로 힘차게 외쳐 보자.
"다시 시작해도 괜찮아."
아니, 이왕이면 크게 소리 내자!
"다시 시작할 거야. 이번엔 진짜야. (아마도…)"

꿈이란 건

꿈이란, 아침에 눈을 뜨며 "아… 또 못 이뤘네." 하고 무거워지는 것이 아니라, 점심 무렵 문득 스며드는 "그래도 한번 해 볼까?" 하는 조그만 희망이다.
어떤 날은 너무 커서 누군가 보면 "그건 좀 무리 아니야?"라며 고개를 갸우뚱할 수 있고, 어떤 날은 너무 작아 "그게 꿈이야? 그냥 오늘 해야 할 일이잖아?" 싶을지도 모른다.
하지만 중요한 건, 그 꿈이 나를 웃게 만든다는 사실이다.
바삭한 치킨 생각에 입가에 미소가 번지듯, 로또 당첨을 상상하며 마음이 설레듯 말이다.
꿈은 현실에서 도망치는 탈출구가 아니라, 현실을 더 살맛 나게 만들어 주는 달콤한 양념과 같다.
짠맛이든 단맛이든, 조금만 뿌려도 인생이 훨씬 풍성해진다.
그러니 너무 무겁게 생각하지 말자.
조금은 유치해도 괜찮고, 조금은 뜬구름 같아도 괜찮다.
그 모든 것이 너만의 특별한 꿈이니까.
혹시 누군가 묻거든, "그런 꿈, 언제 이룰 거야?"라고 말이다.
그땐 살짝 웃으며 말해 주자.
"이제 슬슬 준비 중이야. 내 꿈도 나처럼 느긋하게 자라거든."

흔들릴 때는

가끔은 모든 게 불안해지고, 이유 없이 내가 점점 작아지는 날이 있다.
열심히 달렸는데도 제자리인 듯하고, 앞으로 나아가야 할지, 멈춰야 할지 모호한 길목에서 길을 잃은 느낌.
그래도 괜찮다. 흔들린다고 해서 무너지는 건 아니니까.
바람에 흔들리는 나무가 더 깊이 뿌리를 내리듯, 파도에 깎여도 묵묵히 제자리를 지키는 바위처럼, 우리도 그렇게 서 있다.
중요한 건 넘어지지 않는 게 아니라, 넘어진 뒤에 다시 일어서는 용기다.
지금 흔들리는 마음은 삶을 온몸으로 끌어안고 있는 증거,
가벼운 마음으로는 느낄 수 없는 진지함이다.
잠시 쉬어도 된다.
방향을 잃었다면, 멈춰 서서 천천히 지도를 펼쳐 보자.
그것도 충분한 용기니까.
그러니 무엇보다 나 자신을 믿어 줘.
너는 이미 충분히 강하고, 세상 누구보다 소중한 존재다.
오늘 하루, 묵묵히 버텨 낸 너에게 가장 따뜻한 박수를 보낸다.
"괜찮아. 비록 느릴지라도 우리는 반드시 앞으로 나아갈 거야.
 멈추지 않는 한, 길은 열릴 테니까."

꿈에도 휴식이 필요하다

깊은 밤, 눈은 감겼지만 마음은 여전히 어딘가를 걷고 있다.
누군가를 만나고, 바람처럼 달려가며, 끝없이 무언가를 이루려 애쓰는 꿈속의 나.
현실보다 더 치열한 그곳에서도 꿈조차 쉬지 못하고 있던 걸까.
문득, 마음 한편에서 속삭임이 들린다.
"꿈도 숨을 고를 시간이 필요하지 않을까? 내 무의식도 가끔은 그냥 고요히 쉬고 싶어 하지 않을까?"
우리는 너무 오래 '이루어야 한다'는 무게에 눌려 현실 속에서도, 꿈속에서도 스스로를 다그치고 있었던 건지도 모른다.
그러니 괜찮다.
어떤 밤은 아무것도 꾸지 않아도 좋다.
하얗고 고요한 어둠 속에 내 마음을 맡긴 채, 그저 깊이 잠드는 것만으로도 충분하다.
아무것도 하지 않아도 괜찮다는 조용한 위로의 꿈.
그런 꿈 한 줄기가 내 마음에 내려앉는다면, 우리의 삶도 조금은 더 따뜻해지지 않을까.
꿈에도 쉼이 필요하다.
그 안의 나 역시, 조용한 사랑과 평화를 누릴 자격이 있으니까.

사회 부적응자의 고백

나는 어쩌면 세상이 정해 놓은 틀에 살짝 비껴 선 사람일지도 모른다.
빨리 달려야 하는 레이스에서 한 박자 늦게 숨을 고르고,
누구나 익숙한 길 위에서 자꾸만 다른 골목을 찾아 헤맨다.
사람들은 묻는다.
"왜 그렇게 다르게 살아?"
나는 고개를 갸웃거리며 대답한다.
"나만의 속도가 필요한걸."
사회라는 거대한 무대 위에서 내 모습은 때때로 어색한 그림자 같고, 남들의 조명이 내겐 너무 눈부시다.
하지만 그 어긋남 속에도 내가 살고 있는 이유가 있다.
완벽하지 않은 내 불협화음이 어쩌면 세상에 꼭 필요한 멜로디일지도 모른다.
나는 부적응자가 아니라 나만의 리듬을 찾아가는 사람이다.
넘어지고 다시 일어서고, 느리지만 묵묵히 걸어가는 이 길 위에서 조금씩 나를 알아 가고 있다.
세상이 나를 이해하지 못해도 나는 나를 놓지 않을 것이다.
부적응의 이름 뒤에 숨겨진, 조용한 용기의 고백이다.

지나치는 것들을 뾰족하게 마주할 때

우리는 하루에도 수없이 많은 것들을 스쳐 지나간다.
익숙한 풍경, 무심한 말들, 지나친 표정들.
그저 배경처럼 흘려보내는 순간들 속에 사실은 촘촘히 박힌 작은 뾰족함들이 숨어 있다.
그것들은 다가가기를 꺼리게 하는 찰나의 날카로움, 보통은 그냥 덮어 두는 마음 한편의 조그마한 불편함이다.
하지만 때로는 그 뾰족함을 외면하지 않고, 고개를 들어 똑바로 마주할 때가 있다.
그 순간, 비로소 세상은 조금 달라 보인다.
그 찰나의 날카로운 빛이 무심코 지나쳤던 진실을 비추고, 내 안에 잠들어 있던 감정을 깨운다.
지나침은 편안함과도 같다.
그러나 뾰족함은 성장의 문을 두드린다.
아프지만, 진짜 나를 만나는 순간이다.
무심코 흘려보냈던 그 작은 것들에 용기 있게 다가서자.
그 속에 숨어 있던 나의 단단함과 아름다움을 발견할 테니.
지나치는 것들을 뾰족하게 마주할 때, 비로소 우리는 더 깊고 선명한 삶의 빛을 품게 된다.

상처받고 싶지 않은 내일

내일은 오늘보다 조금 더 부드럽길 바란다.
상처가 덜 아프고, 마음이 조금 더 가벼웠으면 한다.
우리는 하루에도 수많은 눈빛과 말들에 스며든다.
어떤 것은 꽃처럼 달콤하지만, 어떤 것은 가시처럼 날카롭게
가슴을 찌른다. 그래서 내일은 그 가시에 조금 더 단단해지고
싶다.
하지만 동시에 그 가시에 상처 입지 않을 만큼 부드럽고 따뜻한
껍질을 갖고 싶다.
상처를 피해 숨기만 하는 건 아니다.
그건 때로는 조심스러운 사랑이고, 살며시 내 마음을 지키는
작은 용기다.
내일은 상처받고 싶지 않은 마음을 품고 조용히 나아갈 것이다.
마치 잔잔한 바람이 파도를 달래듯, 내 마음의 바다도 평화를
찾아갈 것이다.
상처 없이 완벽한 날은 없겠지만, 그래도 조금은 덜 아파도 좋다.
오늘의 무게를 내려놓고 내일은 좀 더 환한 빛으로 내 마음을
감싸 주길 바란다.

두 발은 현실에, 시선은 꿈에

우리는 매일 같은 길을 걷는다.
버스 정류장의 회색빛, 끝없이 이어지는 도시의 풍경 속에서.
두 발은 단단히 현실을 딛고 있지만, 마음은 언제나 저 먼 곳을 바라본다.
아직 닿지 못한 꿈, 속삭이듯 숨겨 둔 작은 열망 하나.
꿈은 현실의 도피처가 아니라 삶을 움직이는 불꽃이며, 내일을 여는 빛이다.
무게에 짓눌려 숨이 막힐 때마다 우리는 하늘을 올려다본다.
멀고 아득한 별빛처럼, 그곳엔 우리를 부르는 삶의 의미가 있다.
넘어지고 흙투성이가 되어도 괜찮다.
꿈을 품은 눈동자는 어둠 속에서도 빛나고, 그 믿음은 다시 일어설 힘이 된다.
그러니 오늘도 두 발은 현실의 땅에 굳건히 서고, 시선은 꿈이라는 저 하늘을 향해 띄우자.
그 길이 멀고 험해 보여도, 언젠가 그 별빛이 당신의 현실이 되어 줄 테니.

타협이 아닌 선택

삶 속에서 우리는 종종 '타협'을 '선택'이라 착각한다.
그러나 진짜 선택은, 두려움과 불안의 어둠 속에서 내 안 깊은
곳에서 빛나는 신념을 따라 한 걸음, 또 한 걸음 내딛는
용기에서 시작된다.
누군가는 말한다.
"세상은 원래 그런 법이야."
하지만 그것은 세상이 만든 법이 아니라, 우리가 스스로 감춰 둔
마음의 문을 닫고 타협이라는 이름의 가면을 쓴 결과일지도
모른다.
깊은 내면에서 조용히 울리는 목소리, 잊혀진 꿈들의 먼지 낀
상자, 숨겨 두었던 단단한 신념을 꺼내어 스스로에게 묻는 시간.
"이 길이 나의 길인가?"
그 질문 끝에 서는 것이 바로 '진짜 선택'이다.
그 선택은 종종 외롭고, 낯설고, 실패처럼 보이는 순간도 함께
데려온다.
하지만 그 길의 끝엔 오직 나만이 걸어갈 수 있는 나만의 세상이
기다린다.
타협은 오늘의 안락함을 가져다주지만, 선택은 내일의 생명을
불어넣는다.
그러니 지금, 당신 마음 깊은 곳에서 소리치는 그 길을 두려움
없이 따라가 보자.
당신은 그 길을 걸을 자격이 있으며, 그 길만이 당신의 삶을
빛나게 할 유일한 길임을.

조용한 용기

사람들은 '용기'라 하면 대개 누군가를 구하거나, 세상을
뒤흔드는 거대한 선택을 떠올린다.
그러나 진짜 용기는 소리 없이 스며드는 일상의 구석구석에 숨어
있다.
매일 새벽 같은 시간, 무심히 알람을 끄고 일어나는 사람.
자신의 꿈은 잠시 뒤로 밀어 두고 조용히 가족을 돌보는 누군가.
아무도 눈여겨보지 않지만, 그들의 하루는 작지만 단단한
기적이다.
어느 노인이 있다.
매일 동네 골목을 천천히 걸으며 쓰레기를 한 줌씩 줍는다.
사람들의 시선은 낯설고, 때로는 이상하다.
그는 웃으며 말한다.
"깨끗한 길은, 마음까지 맑게 하잖아요."
그 말속에는 숨겨진 포기와 인내, 수많은 무명의 시간이 스며
있다.
조용한 용기는 결코 함성을 지르지 않는다.
박수를 바라지도, 찬사를 요구하지도 않는다.
그렇지만 그들은 우리 삶의 작은 세계를 묵묵히 지켜 내고 있다.
오늘도 어디선가, 말없이 걸어가는 그들의 용기를 기억하자.
그리고 우리 안에도 그렇게 잔잔히 빛나는 용기가 있음을,
조용히 마주하자.

두 세계 사이에서

우리는 매일, 두 세계 사이를 조용히 오간다.
하나는 손에 잡히고 눈에 보이는 현실. 차갑고 무겁게 가슴을 누르기도 하는, 바람에 흩날리는 낙엽처럼 불안정한 그 세계.
또 다른 하나는 눈에 보이지 않는 마음의 깊은 곳, 희망과 사랑이 은밀히 싹트는 따스한 빛의 공간. 눈물과 웃음이 섞여 신비롭게 숨 쉬는 그 세계.
현실 속에서 우리는 때로 무너지고 흔들리지만, 그럼에도 누군가의 손을 꼭 붙잡으며 다시 일어난다.
마음의 세계는 다시 숨 쉴 숨통이 되고, 꿈을 꾸고, 내딛는 힘이 되어 준다.
두 세계 사이, 우리는 매 순간 선택의 갈림길에 선다.
절망에 머물 것인가, 아니면 희망의 빛을 따라 나아갈 것인가.
외로움에 잠길 것인가, 아니면 누군가의 따뜻한 온기를 받아들일 것인가.
서로 다른 두 세계를 잇는 다리는 결국 '마음'이다.
그 마음이 우리를 가장 진실한 나로 일깨운다.
두 세계 사이, 그 고요한 공간에서 우리는 가장 깊은 나를 만나고, 가장 소중한 너를 발견한다.

현실이 꿈을 꺾을 때

꿈은 언제나 찬란하다.
우리는 모두 한때, "우주비행사가 될 거야!", "빵 굽는 달인이 될 거야!", "고양이와 대화할 수 있는 사람이 될 거야!" 하며 반짝이는 마음을 품는다.
하지만 어느 순간, 현실이라는 거대한 벽이 앞에 선다.
그 벽은 차가운 목소리로 속삭인다.
"잠깐, 그건 조금 어려울지도 몰라. 왜냐하면…"
"우주비행사? 먼저 수학이라는 문을 통과해야 해."
"빵 굽기? 냉장고에 버터가 있는지 확인해야 하지."
"고양이랑 대화? 고양이가 먼저 말을 걸어야 할걸."
그럴 때면, 현실은 조금 못된 친구처럼 느껴진다.
꿈이 날아오르려 할 때마다, 현실은 '안전벨트 매!' 하며 날 붙잡는다.
그러나 어쩌면, 그 못된 친구는 우리에게 새로운 경험이라는 선물을 준다.
그 선물들이 쌓여 언젠가는 더 단단하고 반짝이는 꿈의 재료가 된다.
그러니 현실이 꿈을 꺾는다고 해서 원망하지 말자.
현실은 우리 꿈을 다듬어, 더 유쾌하고 견고하게 만들어 주는 조력자일지도 모른다.
그 벽을 넘을 때마다 꿈은 더 크게 웃을 준비를 한다.
그러니 현실이 다가와 말할 때, "이건 안 될걸?" 하는 순간,
우리는 웃으며 대답하자.
"그래? 그럼 더 재미있는 방법으로 해 볼게!"
꿈과 현실이 함께 추는, 그 유쾌한 춤은 오늘도 멈추지 않는다.

한참을 걸어 나에게 간다

바람 따라, 먼 길을 묵묵히 걷는다.
길은 끝없이 이어지고, 발걸음은 가끔 무거워지기도 한다.
그럼에도 나는 멈추지 않고 나에게로 향한다.
바람에 흩날리는 잎사귀처럼 흔들리고 부서져도, 내 안 깊은 곳에 숨겨 둔 나를 만나러 가는 길이다.
길 위에서 만난 내 그림자는 낯설지만 따스하다.
조용히 손을 내밀어 "여기, 네가 있다"고 말해 준다.
내 마음 한편에 감춰진 상처들과 빛나던 꿈들이 서로 손을 맞잡고 기다리고 있다.
한참을 걸어 나에게 간다는 건 돌아오는 길이 아닌, 처음 만나는 길일지도 모른다.
서툴고 낯설지만 그 길 위에서 나는 조용히 나를 안아 주고, 다시 한 걸음 내딛는다.
한참을 걸어, 내가 나에게 닿는다.

노력과 결실

씨앗은 땅속에서 조용히 숨을 쉰다.
어둠 속에서 한 움큼의 시간이 지나가고, 그 시간만큼 마음도 조금씩 자란다.
노력은 마치 보이지 않는 뿌리 같다.
땅속 깊이 뻗어 가며, 보이지 않아도 묵묵히 자리를 잡아 간다.
때로는 비가 너무 많이 내려 흔들리고, 햇볕이 너무 강해 숨이 막힐 때도 있다.
하지만 그 모든 시련이 쌓여 결실을 맺는 순간이 찾아온다.
결실은 단순한 '끝'이 아니라, 노력이라는 여정의 따스한 빛이다.
서툰 손길로 가꿔 온 시간들이 열매처럼 주렁주렁 맺히는 순간.
우리가 기억해야 할 것은 노력의 눈부신 과정 그 자체다.
결실만큼이나 소중한, 견뎌 내고 성장한 나의 이야기.
그래서 오늘도 묵묵히 한 뼘 더 땅을 파고, 조용히 씨앗을 심는다.
언젠가, 그 위에 피어날 빛나는 결실을 꿈꾸며.

슬픔과 기쁨

삶은 마치 한 편의 오래된 이야기 같다.
슬픔과 기쁨이 교차하는 무대 위에서 우리는 때로는 무겁게
눈물을 흘리고, 또 한편으로는 환하게 웃으며 어둠을 밝힌다.
슬픔이라는 어둠이 있어야 기쁨이라는 별이 더욱 빛나고,
기쁨이라는 햇살 덕분에 슬픔조차도 은은한 아름다움으로
다가온다.
우리 모두는 마음 한편에 상처를 품고 걷는다.
그 상처가 있기에 더 깊이 사랑할 줄 알고, 더 따스하게 세상을
안아 줄 수 있다.
어느 날 문득, 지난 아픔을 돌아보며 그때의 눈물이 나를
단단하게 만들었음을 깨닫는 순간, 그것은 마음 깊은 곳에서
가장 순수한 감동이 피어나는 시간이다.
기쁨과 슬픔은 서로를 비추는 거울처럼 우리를 비추고, 또 우리
안의 또 다른 나를 만난다.
그 안에서 우리는 오늘도, 조용히 살아간다.

인생이라는 여행

인생은 끝없이 펼쳐진 한 편의 여행 같다.
때로는 거친 바람이 몸을 감싸고, 때로는 따스한 햇살이 온몸을 어루만지는 여정.
우리는 매일 아침, 새로운 발걸음을 내딛으며 어제의 길을 돌아보고 조용히 스스로를 다독인다.
넘어지고 길을 잃기도 하고, 잠시 멈춰 숨을 고르기도 하지만, 그 모든 순간들이 지금의 나를 이루는 단단한 조각들이다.
실패는 마음을 깊게 만들고, 기쁨과 사랑은 가슴 한켠에 환한 빛을 심는다.
중요한 것은 목적지가 아니다. '그 길 위를 어떤 마음으로 걸어가느냐, 걸음마다 진심을 담는가'에 달려 있다.
비록 걸음이 느려도 괜찮다.
마음의 온기를 실어 한 발 한 발 내딛다 보면 어느새 내면에 평화와 감사가 조용히 스며든다.
이 길 위에서 우리는 혼자가 아니다. 함께 웃고 울며, 같은 하늘 아래 각자의 빛을 찾아가는 동행자들이다.
그러니 오늘도, 내일도 그 길을 두려워하지 말자. 사랑과 희망을 품고 나아가자.
언젠가 뒤돌아봤을 때, 마음 깊이 스며든 그 기억에 "참, 아름다운 여행이었다"고 말하며 조용히 미소 지을 수 있도록.

나는 나를 사유한다

나는 가끔, 고요한 밤하늘 아래서 내 안의 우주를 조용히 들여다본다.
바람에 흔들리는 나뭇잎처럼 흔들리는 마음, 깊은 바다처럼 알 수 없이 넓은 생각들, 그 안에 잠겨 나는 나를 사유한다.
내 안에 숨겨진 기억의 파편들, 미처 말하지 못한 이야기들 그리고 아직도 피어나지 않은 꿈들의 씨앗까지.
나는 나라는 작은 세계의 탐험가다.
스스로에게 질문을 던지고, 때로는 답을 기다리지 않는 채 그저 머무르기도 한다.
나를 알아 가는 일은 마치 조용히 물 위에 돌멩이를 던지는 것 같다.
잔잔하던 마음에 파문이 일고, 그 파문은 다시 나를 비추는 거울이 된다.
그 거울 속에서 나는 다름 아닌 나 자신과 만나고, 부서진 조각들도, 반짝이는 부분들도 모두 품어 안는다.
나는 오늘도 나를 사유한다.
내 안에 깃든 빛과 어둠, 그 모든 것이 내 삶의 조용한 서사임을 알고서.

인생 모토

인생은 마치 끝없이 흘러가는 바람결 같은 여정이다.
때로는 거센 바람에 마음이 흔들리고, 때로는 잔잔한 미풍에
가만히 안긴다.
중요한 것은 그 바람 속에서 나만의 중심을 잃지 않는 일이다.
흔들려도 괜찮고, 넘어져도 괜찮다.
나는 나답게, 내 걸음을 멈추지 않고 걷기로 한다.
지나온 시간 속 아픔과 기쁨은 지금의 나를 만든 빛나는
조각이고, 앞으로 펼쳐질 날들은 아직 쓰이지 않은 새로운
이야기다.
매일 아침 눈을 뜰 때마다 조용히 다짐한다.
"오늘도 나답게, 나를 사랑하며 걸어가자."
소소한 행복을 발견하고, 내 마음의 속삭임에 귀 기울이며,
때로는 멈춰서 깊게 숨 쉬는 여유도 놓치지 않는다.
그렇게 조금씩, 나는 나만의 빛으로 세상을 물들여 간다.

그래도, 나는 다시 꿈을 꾼다

가끔은 모든 게 흐릿해진다.
무엇을 위해 이 길을 걷는지, 왜 처음 발을 디뎠는지조차
잊힌다.
열정은 서서히 식어 가고, 의욕은 흔들리며, 나는 나 자신이
무너져 가는 모습을 지켜본다.
그럼에도 불구하고, 나는 여전히 꿈을 꾼다.
아주 작고 희미한 빛처럼, 완전히 꺼지지 않은 불씨처럼 내 안
깊은 곳에 조용히 살아 숨 쉬는 꿈.
흔들리는 그날의 나는 오히려 그 작은 불씨를 더 단단히 쥐어
본다.
포기하고 싶은 순간일수록 내 마음의 어둠 속을 더욱 깊게
들여다본다.
꿈은 언제나 찬란히 빛나지 않는다.
때로는 눈물에 젖은 베개 밑에서, 지친 한숨 사이에서
피어나고는 한다.
그 위에 나는 다시 꿈을 놓는다.
흔들려도 괜찮다고, 멈춰도 된다고, 조용히 나 자신을 다독이며
오늘도 나는 한 걸음, 또 한 걸음 그 꿈을 향해 나아간다.
작지만 확실한 걸음으로, 나만의 빛을 따라.

열정 하나는
어쩌면 당신의 이야기
게으른 방랑자
직업으로서의 회사원
사라진 꿈
삶을 정리하는 힘
극복하는 힘
밤에만 꺼내 보는 꿈
안간힘
불도저
진짜 힘든 것
결혼 후 변화
우리는 계약직 인생
한계라는 이름의 벽 앞에서
변화의 두려움
워킹대디의 삶
고군분투
사이렌
악몽
슬픔 예찬
붉은 소나기
무서운 시선
아직도 가야 할 길
균형 위에 서 있는 나

제 3 장

✳

현실과 꿈 사이에서

열정 하나는

열정 하나는 작은 불꽃과 같다.
한없이 작고 약해 보여도, 그 불꽃은 어둠을 비추는 빛이 되고,
차가운 바람 속에서도 꺼지지 않는다.
그 불꽃이 있어 우리는 멈추지 않고 다시 걸을 용기를 얻는다.
불꽃이 꺼질 듯 흔들릴 때마다 가슴 깊은 곳에서 조용히
타오르는 숨결을 느낀다. 때로는 불꽃 하나가, 우리의 세상을
바꾸는 시작이 되기도 한다.
그 열정 하나가 없다면 길은 더 어둡고, 발걸음은 더 무거웠을
것이다.
그래서 나는 오늘도 내 안 작은 불꽃 하나를 지킨다.
세상이 차갑게 굴어도, 삶이 무거워도, 그 열정 하나는 나를
앞으로 나아가게 하는 따뜻한 손길이 되어 준다.

어쩌면 당신의 이야기

어쩌면 이 이야기는 먼 곳에서 부는 바람처럼, 가만히 당신 마음에 스며드는 이야기일지 모른다.
누군가의 기억 속 먼 그림자 같기도 하고, 아직 닿지 않은 꿈의 언저리 같기도 하다.
가끔은 상처가 아물지 않은 채로 마음 한편에 묻혀 있던 말들이 조용히 속삭임처럼 흘러나온다.
그 이야기들은 당신이 걷는 길의 작은 흔적이고, 언젠가 지나온 시간이 남긴 진심이다.
당신의 이야기는 거창한 영웅담이 아니라도 좋다.
일상의 숨결과 눈물, 그리고 웃음 사이에 놓인 소중한 조각들.
그래서 이 이야기는 어쩌면 당신의 이야기일지도 모른다.
그 조용한 진실들이 당신의 마음에 작은 불씨가 되어 오늘을 살아갈 힘이 되길 바란다.

게으른 방랑자

나는 게으른 방랑자다.
멀리 떠나길 꿈꾸면서도, 발걸음은 늘 느리고 조심스럽다.
세상은 넓고 수많은 길이 있지만 나는 천천히, 아주 천천히
걸으며 바람과 하늘과 땅의 이야기에 귀를 기울인다.
급하지 않아도 괜찮다.
길 잃음조차 나만의 여행이 되고, 멈춰 서서 하늘을 올려다보는
순간이 가장 진실한 발견이 될 때가 있다.
나는 바쁘게 달리지 않는다.
때로는 한 그루 나무 아래 앉아 세상의 소란을 멀리서 바라본다.
그런 나를 누군가는 게으르다 하겠지만 나는 알고 있다. 나만의
속도로, 나만의 시간으로 세상을 온전히 느끼고 있음을.
그래서 오늘도 나는 느릿느릿 걷는다.
그 느림 속에 스며드는 작은 행복을 안고, 게으른 방랑자는
그렇게 자신만의 길을 꿈꾸며 걸어간다.

직업으로서의 회사원

나는 회사원이다.
매일 아침 반복되는 출근길, 한 걸음, 한 걸음이 쌓여 나라는 사람이 서서히 만들어진다.
회사라는 거대한 기계 속에서 나는 하나의 톱니바퀴가 되어 묵묵히 역할을 수행한다.
때로는 내가 누구인지 잊을 만큼 일에 몰두하고, 때로는 지치기도 한다.
그러나 그 속에서 나는 나만의 의미를 찾으려 애쓴다.
회사는 단순한 '직업'이 아니라 나의 작은 무대이며, 내가 매일 부르는 노래다.
고된 시간 속에서도 나를 다독이는 말 한마디, 함께 웃던 동료의 눈빛이 나를 다시 일으킨다.
비록 이름 없는 자리일지라도, 작은 성취와 소소한 행복이 내 하루를 빛나게 한다.
직업으로서의 회사원이라는 이름 아래 나는 오늘도 나의 이야기를 쓴다.
무수한 꿈과 고민을 품고, 한 땀 한 땀 살아 내는 나의 삶을.

사라진 꿈

한때 가슴 속에서 반짝이던 꿈들이 있었다.
별빛처럼 찬란하고, 먼 우주처럼 넓던 그 꿈들은 어느새 조용히,
서서히 사라져 갔다.
바쁘고 빽빽한 하루 속에 묻혀 낯선 현실이라는 숲 속에서 길을
잃고, 꿈은 먼 기억 속으로 멀어졌다.
때로는 희미한 빛줄기처럼 스치다가도 바람에 날아가 버린
낙엽처럼 흩어져 버렸다.
나는 그 꿈들이 어디로 사라졌는지 묻고 싶다.
아직 내 마음 어딘가에 숨어 있을까?
아니면 정말로, 조용히 숨을 멈춘 걸까?
사라진 꿈은 잃어버린 것이 아니라 잠시 숨 고르는 중일지도
모른다. 어둠 속에 묻혀 빛을 기다리는 불씨처럼.
그래서 오늘 나는 다시 손을 뻗는다.
그 잔잔한 불빛을 찾아서, 내 안의 잃어버린 별들을 다시
불러낸다.
사라진 꿈이여, 언젠가 다시 너는 나를 부를 것이다.
그때 나는 두려움 없이 걸어가리라.
다시 빛나는 너를 품고서.

삶을 정리하는 힘

삶은 언제나 거미줄처럼 촘촘히 얽혀 있다.
할 일들은 산더미처럼 쌓이고, 감정은 바람에 흔들리는
나뭇잎처럼 불안하게 떨며, 생각은 구름처럼 무심히 흘러간다.
그 혼돈 속에서 잠시 발걸음을 멈추고, 내면의 작은 방들
하나하나를 조용히 열어 보는 이가 있다.
정리란 단순히 물건을 치우는 일이 아니다.
마음의 서랍을 천천히 열고, 엉킨 실타래를 손끝으로 부드럽게
풀어내는 행위다.
내 안에 빛나는 진주와, 먼지처럼 내려앉은 기억들을 구분해
내는 고요한 대화이기도 하다.
삶을 정리할 때 비로소 보인다. 놓아야 할 무게와, 꼭 붙잡아야
할 온기, 멀리해야 할 그림자와 가까이 머물러야 할 햇살이.
그 깨달음이 마음을 단단하게 만들고, 흐릿했던 길을 서서히
선명하게 비춘다.
복잡한 세상의 소음 속에서도 정돈된 마음 한 줌이면 충분하다.
그 속에서 우리는 다시 단순해지고, 조용하지만 단단하게 더
나은 내일로 한 걸음 내딛는다.

극복하는 힘

삶의 무게가 어깨를 짓누를 때, 우리는 종종 무너질 듯 흔들린다.
하지만 그 순간, 가장 깊은 곳에서 조용히 피어나는 힘이 있다.
그것은 폭풍우 속에서도 꺼지지 않는 등불처럼, 가장 어두운 밤을 견디는 작은 불꽃이다.
넘어진 자리에서 일어나는 힘, 절망 속에서 희망을 찾는 용기, 상처 입은 마음에 다시 손을 내미는 다정함.
극복하는 힘은 거창한 것이 아니다.
때로는 한 걸음 뒤로 물러서서 숨을 고르는 일, 또 때로는 눈물을 흘리며 자신을 안아 주는 일이다.
그 힘은 흙 속에 깊이 뿌리 내린 나무처럼, 보이지 않는 곳에서 자라나 언제나 우리를 다시 세운다.
삶은 계속된다.
우리가 무너지지 않고 다시 일어설 때마다 그 힘은 조금씩 커져 언젠가는 온 세상을 밝히는 빛이 된다.
그러니 오늘도, 당신 안에 숨 쉬는 그 조용한 불꽃을 믿어라.
그것이 바로 당신이 가진 가장 깊고 아름다운 극복의 힘이다.

밤에만 꺼내 보는 꿈

밤이 깊어질수록, 마음 한편 어둠 속에서 조용히 빛나는 작은 꿈 하나가 있다.
낮에는 무심한 바람과 시끄러운 세상 소음에 묻혀 깊은 곳에 숨겨 두었던 그 꿈은, 어둠이 내려앉는 순간 조심스레 고개를 든다.
연약하고도 여린 그 빛은 별들이 수놓은 밤하늘 아래서 희미하지만 분명하게 속삭인다.
"기억해 줘."
"잊지 말아 줘."
"나와 함께 다시 걸어가자."
그 속삭임은 지친 하루 끝, 눈을 감는 우리 마음에 닿아 잠든 영혼에 살며시 날개를 달아 준다.
아직 쓰이지 않은 이야기, 아직 만나지 못한 나 자신이 기다리는 가능성의 문 앞에서 그 꿈은 말없이 우리를 기다린다.
밤에만 꺼내 보는 그 꿈은 우리 안에 숨겨진 가장 순수한 희망이며, 깊은 어둠 속에서도 길을 밝혀 주는 은은한 등불이다.
그 꿈을 가슴에 품고 우리는 내일을 향해 조용히 걸음을 내딛는다.
그래서 오늘 밤도 그 꿈을 꺼내어 마음 깊이 안아 주자.
그 꿈이 있기에, 우리의 밤은 더 이상 외롭지 않다.

안간힘

숨이 턱끝까지 차오를 때가 있다.
마음 깊은 곳, 어딘가 모르게 무너져 가는 자신을 붙잡으려
온몸으로 버티는 순간들.
그럴 때마다 나는 안간힘을 쓴다.
보이지 않는 끈을 잡아당기듯 흩어지는 마음을 한데 모으려
애쓰고, 마음속 폭풍우 속에서도 중심을 잃지 않으려 애쓴다.
안간힘은 때로는 외로운 싸움이다.
세상은 무심하고, 바람은 차갑고, 숨겨진 상처는 깊어만 가지만,
그럼에도 손끝에 닿는 희미한 빛을 향해 나는 계속 나아간다.
그 빛은 누군가의 따뜻한 한마디일 수도, 조용히 스미는 새벽의
고요함일 수도 있다.
그 빛을 따라 나는 조금씩 다시 일어나고, 조금씩 다시 숨 쉬고,
조금씩 다시 꿈꾼다.
안간힘은 무너짐을 막는 힘이자 무너진 자리에서 다시 자라나는
생명의 뿌리다.
그리하여 나는 안다.
오늘의 고단함과 싸움이 내일의 단단한 내가 될 것을.
그래서 나는 또다시 안간힘을 내며, 작지만 확실한 내일을 향해
한 걸음 내딛는다.

불도저

삶의 길은 때로는 거칠고 험난하다.
그럴 때 나는 불도저가 된다.
묵묵히, 거침없이, 앞에 놓인 장애물을 밀어내며 나아간다.
불도저는 거대한 쇳덩어리지만, 그 속에는 부드러운 의지가 숨겨져 있다.
어둠과 고난의 벽 앞에서도 포기하지 않고 조금씩 길을 낸다.
힘겨움에 몸이 흔들려도 가끔은 멈춰 서서 숨을 고르지만, 그걸 멈춤이라 부르지 않는다.
그저 다음 돌파구를 준비하는 시간일 뿐.
불도저가 지나간 자리엔 과거의 무거움과 무너진 벽들이 쌓이고, 그 위로 새로운 길이 피어난다.
나도 그렇다.
내 안의 불도저가 꺼지지 않는 한, 어떤 시련도 나를 멈출 수 없다.
그래서 오늘도 나는 불도저가 되어 조용히, 그러나 강하게 내 삶의 길을 밀어내고 나아간다.
그 끝에 언젠가 부드럽고 넓은 평화의 땅이 펼쳐질 것을 믿으며.

진짜 힘든 것

진짜 힘든 것은 눈에 보이는 무게가 아니다.
휘청이는 어깨 위에 쌓인 짐이 아니라, 사람들 앞에선 감추고 싶은 마음의 무게다.
말하지 않아도 느껴지는 외로움, 누군가에게 기대고 싶지만 더 이상 짐이 되고 싶지 않은 마음의 벽. 그 벽은 단단해서 조용히 나를 둘러싸고, 숨조차 쉬기 힘들게 만든다.
진짜 힘든 것은 아무에게도 말하지 못한 슬픔, 혼자만의 어둠 속에서 끝없이 자신과 마주하는 시간이다.
그럼에도 불구하고, 그 어둠 속에 빛을 심는 것은 여전히 나 자신을 놓지 않는 마음이다.
눈물과 함께 깨어나는 새벽, 작은 희망 하나를 붙들고 또 하루를 살아 내는 것. 그게 진짜 힘든 것이자 가장 아름다운 용기다.
그래서 오늘도, 힘겨워도 괜찮다고 말해 본다.
당신은 혼자가 아니라고, 그 모든 어둠 속에서도 빛은 반드시 다시 올 거라고.

결혼 후 변화

결혼은 한 사람이 또 한 사람의 우주에 들어가는 일이다.
낯선 별의 궤도에 맞춰 걷고, 서로의 계절을 배우는 일이다.
사소한 것들이 달라진다.
잠드는 시간, 양치 컵의 색깔, 냉장고 속 반찬의 순서까지.
혼자일 땐 아무렇지 않던 일들이 이제는 조심스럽고, 때로는 애틋해진다.
'나'만의 세계가 '우리'라는 풍경으로 확장된다.
이름이 아닌 애칭으로 불리고, 침묵조차 위로가 되는 사이.
그 변화는 거창하지 않다.
오히려 조용히, 천천히, 마음에 스미는 물빛 같다.
물론, 모든 날이 따뜻하진 않다.
살며시 문을 닫고 싶은 날도 있고, 멀어지는 거리감에
서운해지는 날도 있다.
그러나 문틈 사이로 새어 나오는 작은 온기, 그걸 붙잡고 다시 웃는다.
결혼 후의 변화는 타인을 향한 이해에서 나를 돌아보는 연습이 된다. 그리고 그 시간은 서로를 '가족'으로 만들어 간다.
결혼은 끝이 아닌 시작이다.
완성된 퍼즐이 아니라, 함께 맞춰가는 과정 그 자체.
그 안에서 우리는 조금씩 다정해지고, 조금씩 사람다워진다.

우리는 계약직 인생

우리는 모두, 어쩌면 잠시 머무는 사람들이다.
정해진 날짜도 없지만, 언젠가는 떠나야 할 자리를 살아간다.
회사에서의 계약직이라는 이름은 어쩌면 우리의 인생 그
자체인지도 모른다.
영원한 소속은 없고, 늘 '다음'을 고민하며 마음 한쪽은 늘 떠날
준비를 하고 있다.
사람들과의 관계도, 꿈을 향한 여정도, 지금 당장 내게 주어진
역할도 어디까지나 '기간 한정'이라는 전제 안에 놓인다.
그렇다고 해서 우리의 하루가 가벼운 건 아니다.
짧게 머문다고 해서 덜 애쓰거나, 덜 사랑했던 적은 없다.
계약직의 이름으로도 우리는 최선을 다해 일했고, 누군가의
곁에 있었고, 한순간의 풍경이 되기 위해 매일 묵묵히 빛났다.
모든 것이 유효 기간을 품은 세상에서 우리가 할 수 있는 가장
용기 있는 일은 '지금 이 자리'를 진심으로 살아 내는 것이다.
그 마음이 모여 비로소 인생은 하나의 작품이 된다.
짧지만 선명한 장면들, 언젠가 누군가의 기억 속에 오래 남을
이야기들로.
우리는 계약직 인생이지만, 그 안에서 영원보다 단단한
순간들을 만들어 간다.
그것이면, 충분하다.

한계라는 이름의 벽 앞에서

가끔은 모든 것이 멈춘 듯한 밤이 온다.
숨을 깊이 들이쉬어도 끝끝내 닿지 않는 공기처럼 세상은
낯설고 묵직하게 마음을 누른다.
나는 애써 버텨 보려 한다.
괜찮은 척, 아무렇지 않은 척.
하지만 문득, 마음 한편이 조용히 무너진다.
그리고 속삭인다.
"이게… 나의 끝인가."
한계는 언제나 조용히 다가온다.
낯선 얼굴이 아닌, 오히려 나를 가장 잘 아는 얼굴로.
어깨 위에 살며시 내려앉아 '이제는 그만하자'며 속삭이는 존재.
그 말 앞에서 나는 주춤거린다.
정말 여기까지인 걸까.
이 이상은, 안 되는 걸까.
그런데 이상하게도 그 벽 앞에 주저앉으려는 나를 또 다른 내가,
아주 조용히 붙잡는다.
"조금만 더. 이번엔, 다를 수도 있어."
한계란 어쩌면 멈추라는 경고가 아니라, '지금 이 순간을
진심으로 마주하라'는 삶의 단단한 속삭임인지도 모른다.
넘어져도 괜찮다.
울어도 된다.
애써 괜찮지 않아도, 그 또한 나의 정직한 모습이니까.
다만, 기억하자.
우리는 생각보다 훨씬 강한 존재라는 것을.
한계라는 벽에도, 작은 틈 하나쯤은 늘 존재한다는 것을.
그 틈 사이로 희미하지만 분명한 빛이 조용히, 우리 쪽으로
스며들고 있다.

변화의 두려움

변화는 늘 낯선 얼굴을 하고 다가온다.
익숙한 풍경을 뒤흔들고, 오래 앉아 있던 자리를 조용히
일어나게 만든다.
우리는 알고 있다. 무언가 달라지려면, 무언가를 놓아야 한다는 걸.
그 놓음이 두렵다.
지금의 안정을 잃을까, 지금의 내가 사라질까, 그 모든 가능성이
마음을 조용히 흔든다.
그래서 우리는 변화를 '두려움'이라는 이름으로 포장해 한 걸음
물러서기도 한다.
그러나 진짜 두려운 건 변화 그 자체가 아니라 변화를 피하고
싶은 우리의 마음이다.
익숙함에 안겨 살아가는 편안함은 때로 나를 갉아먹는다.
천천히, 조용히 그러나 분명하게.
삶은 멈추지 않는다. 늘 흐르고, 움직이며, 우리를 데려간다.
그 흐름을 거스를 수 없다면, 우리는 그 안에 발을 담그고
두려움을 끌어안은 채 천천히 나아갈 수밖에.
두려워도 괜찮다.
흔들려도 괜찮다.
중요한 건, 그 안에서도 나를 믿는 일이다.
변화는 때로 무섭지만, 그 너머엔 아직 만나 보지 못한 새로운
내가 기다리고 있다.
그러니 한 발, 작지만 진심인 발걸음을 내딛어 보자.
변화의 강을 건너는 것은 어쩌면 나 자신에게로 더 가까이
다가가는 일일지도 모른다.

워킹대디의 삶

새벽이 오기도 전에 하루는 조용히 시작된다.
알람 소리보다 먼저 눈이 떠지고, 어깨엔 아직도 어제의 무게가
앉아 있다. 부스스한 거울 속 내 얼굴은 어제보다 조금 더
깊어진 주름을 안고 있다.
아이의 작은 손을 살며시 쥐고, 잠든 얼굴에 입을 맞춘다.
그 짧은 순간이, 온 하루를 견디게 하는 연료가 된다.
출근길 지하철 안, 수많은 사람들 틈에서 나는 하나의 역할로
녹아든다.
회사에서는 부장, 팀장, 때론 리더라 불리지만, 누구보다 외롭고
조용한 이름.
'아빠'로 살아가는 하루.
회의실에서 보고서를 넘기다가 문득 아이의 그림 한 장이 떠오른다.
삐뚤빼뚤, '아빠 사랑해요' 적힌 글씨.
그 조그만 말 한 줄에 가장 단단한 울음이 숨어 있다.
일과 육아, 가정과 사회의 경계 위에서 나는 매일 줄타기를 한다.
넘어지지 않기 위해 몸을 낮추고 마음을 접는다.
누구는 묻는다.
"그렇게까지 해야 해?"
나는 웃는다.
"그렇게라도 살아야 하니까."
워킹대디의 삶은 화려하지 않다.
박수도, 무대도, 스포트라이트도 없다.
하지만 이 삶엔 가장 깊고 조용한 사랑이 있다.
오늘도 나는 걷는다. 무거운 가방과 책임을 짊어진 채.
그러나 그 끝엔, 늘 두 팔 벌려 달려오는 아이가 있다.
그리고 그 품에서, 비로소 나는 가장 나다운 이름을 되찾는다.
"아빠."

고군분투

누구에게도 내색하지 않았지만, 나는 오늘도 싸우고 있다.
누구와도 비교되지 않는 오직 나 자신과의 긴 싸움.
작은 일에도 마음이 무너지고, 별일 아닌 것에도 눈물이 고인다.
그러나 나는 버틴다.
한 걸음, 또 한 걸음.
고요하게, 그러나 단단하게.
사람들은 말한다.
"요즘 잘 지내?"
나는 웃으며 고개를 끄덕인다.
하지만 그 웃음 뒤에는 넘어지지 않으려 애쓰는 수많은 안간힘이 숨어 있다.
세상은 쉽게 말한다.
"노력하면 된다."
하지만 나는 안다.
노력조차 사치처럼 느껴지는 날들이 있다는 걸.
마음이 지쳐 손끝 하나도 들기 어려운 순간들이 있다는 걸.
그럼에도 나는, 내 작은 전쟁을 포기하지 않는다.
무너지는 하루 속에서도 한 줌의 의지를 움켜쥔다.
내 고군분투는 화려하지 않다.
어쩌면 누군가의 눈에는 보이지도 않는다.
그러나 그 투명한 싸움 속에서 나는 조금씩 나를 만들어 간다.
언젠가 이 시간이 한 편의 고요한 시처럼 남길 바란다.
이토록 애쓰며 살아 냈던 날들이 결국 나를 지켜 낸 가장
아름다운 흔적이었다고.

사이렌

어느 늦은 밤, 창밖으로 울려 퍼지는 사이렌 소리가 문득 마음을 파고든다.
누군가를 향한 긴급한 외침이지만, 왠지 모르게 그 소리가 내 안의 어딘가를 건드린다.
혹시 나도, 보이지 않는 불 속에서 조용히 타오르고 있었던 건 아닐까.
도움이 필요했지만 말하지 못한 채 괜찮은 척, 강한 척하며 하루하루를 지워 내듯 버텨 왔던 건 아닐까.
사이렌은 늘 갑자기 울린다.
예고 없이, 그러나 결코 이유 없이.
우리 마음도 그렇다.
평온한 얼굴 뒤에서 언제 터질지 모를 감정의 불씨가 자라고 있다.
마음에는 누구나 비상벨 하나쯤 숨겨 두고 산다.
누군가 그 버튼을 눌러 주기만을 기다리면서. 혹은, 누르고 싶은데 그 소리가 너무 커 주변을 놀라게 할까 봐 조용히 꾹꾹 눌러 참고 있을 뿐이다.
그러니 누군가의 얼굴이 오늘따라 조금 더 말이 없고, 눈빛이 흐린 날에는 그 마음속 사이렌이 울리고 있다는 걸 먼저 알아채 줄 수 있었으면 좋겠다.
나 자신에게도 이젠 그렇게 말해 주고 싶다.
소리 내어 아파해도 괜찮다고, 누구보다 먼저 나의 마음을 구조하러 가야 한다고.
사이렌은 경고이자 신호다.
지금 이 마음에 작은 구원이 필요하다는, 놓치면 안 될 아주 간절한 속삭임.

악몽

밤은 고요하지만, 그 고요 속엔 때때로 소리 없는 파도가 있다.
문득 잠결에 무너지는 벽, 멈추지 않는 추락, 익숙한 얼굴이 낯선 표정으로 돌아서는 장면들. 그것은 현실보다 더 또렷하게, 더 깊게 나를 덮쳐오는 '악몽'이라는 이름의 그림자.
악몽은 우리 마음이 감추려 했던 진심의 파편이다.
감정의 끝에서 꾹 눌러 담았던 말들, 잊은 줄 알았던 불안과 외로움이 어둠을 틈타 조용히 무대 위로 올라온다.
잠든 시간에도 우리는 쉼 없이 걷는다. 도망치고, 부딪히고, 때로는 소리 없이 울면서.
깨어나면 이불은 구겨져 있고, 심장은 빠르게 뛰고 있다. 몸은 잠들었지만, 마음은 밤새 싸워 온 흔적이다.
하지만 생각해 보면, 악몽이 꼭 나쁜 것만은 아니다.
그것은 마음의 비밀 편지다.
미처 돌보지 못한 나 자신이 조용히 건네는 신호다.
"괜찮니?"
"조금 힘들었지?"
"제발, 나를 좀 바라봐 줘."
그러니 이제는 무섭고 불쾌했던 그 꿈 앞에서 고개를 돌리기보다 살며시 손을 내밀어 보려 한다.
그 안엔 울고 있는 내가 있고, 지친 하루가 있고, 사랑받고 싶은 마음이 있다.
악몽은 지나간다.
하지만 그 밤을 통과한 우리는 어제보다 더 단단해진다.
조금 더 나를 이해하게 되고, 다음 날의 햇살이 조금 더 따뜻하게 느껴진다.

슬픔 예찬

우리는 슬픔을 감추기에 바쁘다.
밝게 웃고, 괜찮은 척하며, 눈물 한 방울조차 사치인 것처럼 삼킨다.
하지만 나는 믿는다. 슬픔은 부끄러운 감정이 아니라, 가장 순수하고 정직한 마음의 언어라고.
기쁨은 순간을 빛내지만, 슬픔은 영혼을 깊게 만든다.
흐르는 눈물 속에는 이루지 못한 마음, 잃어버린 것들에 대한 그리움 그리고 여전히 간절한 사랑이 담겨 있다.
사람들은 흔히 말한다.
"울지 마. 힘내."
하지만 어떤 날은 힘내지 않아도 괜찮고, 그저 충분히 울어도 되는 날이 있다.
그 눈물 속에서 우리는 자신을 위로하고, 다시금 살아갈 이유를 찾아낸다.
슬픔은 어둠을 품은 감정이지만, 그 안에는 연약한 빛이 숨 쉬고 있다.
마치 비에 젖은 대지에서 더 푸르게 자라는 풀처럼, 슬픔을 통과한 마음은 조금 더 다정하고, 조금 더 단단해진다.
나는 슬픔을 두려워하지 않는다.
오히려 가끔은 그 슬픔 덕분에 내가 사람이라는 것을, 마음이 살아 있다는 것을 새삼스럽게 깨닫는다.
그러니 슬픔을 예찬하고 싶다.
울어도 괜찮다고, 그 감정마저도 아름답다고.
눈물은 결코 약함이 아니라 삶을 온전히 사랑하고 있다는 고요한 증거이기에.

붉은 소나기

어느 날 오후, 예고 없이 하늘이 붉게 물들었다.
햇살도 아니고 노을도 아닌, 어딘가 뜨겁고 낯선 기운이 구름 틈 사이로 스며들더니 곧 붉은 소나기가 내리기 시작했다.
빗방울은 유난히 무거웠고, 그 붉은 빛은 마치 오래된 기억처럼 가슴 한복판에 떨어졌다.
처음 느껴 보는 감정인데도 이상하게 낯익은 슬픔.
무언가를 잃어버렸던 순간들과 되돌릴 수 없는 말들이 그 빗속에서 다시 피어났다.
붉은 소나기는 단지 하늘의 장난이 아니었다. 그건 내 마음에서 흘러나온 감정의 잔해들이었다. 말로 표현되지 못한 서운함, 숨기고만 있었던 그리움, 다 잊었다고 생각했던 어떤 사랑.
빗속에서 나는 우산을 접었다.
그 따뜻한 붉음에 젖고 싶었다.
모든 게 흩어지고 번져 마침내 투명해질 때까지 빗방울은 자꾸 내 눈을 닮았고, 나는 그 안에서 나를 다시 만났다.
붉은 소나기는 그렇게 한 번쯤은 울어도 된다는 허락처럼 내 어깨를 다정히 적시고, 마침내 조용히 그쳤다.
그리고 남은 건 훨씬 가벼워진 마음.
무언가를 흘려보낸 후의 묘한 평온이었다.

무서운 시선

사람들은 종종 말하지 않아도 눈빛 하나로 말을 건넨다.
그 시선은 때론 따뜻한 햇살 같기도 하지만, 어떤 날은 칼날처럼 차갑고 무섭다.
무서운 시선은 내 마음의 문을 두드리고, 작은 틈으로 스며들어 나를 한없이 작아지게 만든다. 그 시선은 마치 어두운 숲속을 걷는 듯한 기분을 준다.
발걸음마다 그림자가 길어지고, 숨을 쉴 때마다 차가운 바람이 목덜미를 스친다.
그 눈빛 속에 담긴 무언의 평가와 판단은 나를 흔들고, 의심하게 한다.
내가 왜 이렇게 보였을까. 나는 왜 이곳에 있어야 할까.
하지만 나는 안다.
무서운 시선 너머에는 사실 그들도 자기 자신과 싸우고 있다는 걸.
그들의 두려움이, 불안이, 그렇게 날 향해 던져진 것뿐임을.
그래서 나는 조용히 내 안의 빛을 켠다.
비록 그 빛이 작고 희미해도, 내가 나임을 잊지 않게 하는 등불이기에.
그 어떤 시선도 내 존재를 지우지 못하도록.
무서운 시선 앞에서 내 마음은 흔들려도, 나는 여전히 내 길을 걷는다.
내가 나로 설 수 있는 그 자리를 향해.

아직도 가야 할 길

햇살이 내려앉은 오후에도, 바람이 잠잠해진 저녁에도, 나는
문득 멈춰 서서 나를 돌아본다.
지금까지 걸어온 길이 때론 빛나고, 때론 아프게 다가온다.
발밑에 깔린 수많은 흔적들이 조용히 나에게 말을 건넨다.
"여기까지 왔어도, 아직 끝이 아니야."
때로는 무거운 짐처럼, 때로는 잔잔한 강물처럼 흐르고 부딪히는
시간들 사이로 나는 또다시 발걸음을 옮긴다.
아직 닿지 못한 꿈들이 있고, 아직 채우지 못한 나의 이야기가
있다.
그 길 위에는 때로 어둠이 짙게 드리워도, 별빛처럼 희미한
희망이 반짝인다.
그 희망을 따라가며 나는 나를 잃지 않으려 애쓴다.
완벽하지 않아도, 멀리 있어도 괜찮다.
지금의 걸음이 비록 느리고 흔들려도, 나는 아직도 가야 할 길
위에 서 있다.
그 길이 끝나는 곳에 나는 또 다른 나를 만날 것이다.
그 만남을 위해, 오늘도 나는 조용히, 그러나 확실히 걸음을
이어 간다.

균형 위에 서 있는 나

현실은 무겁다.
급여 명세서의 숫자들, 책임이라는 무게, 끝없이 다가오는 기한,
얽히고설킨 인간관계, 깊어지는 피로와 반복되는 하루의 물결.
반면, 꿈은 가볍다.
설렘의 빛줄기, 가능성의 바람, 자유로운 날갯짓, 희망의
속삭임으로 가득하다.
나는 그 두 세계 사이, 가느다란 줄 위에 서 있다.
매일이 위태로운 균형의 춤이다.
어떤 날은 현실이 냉소한다.
"그건 너무 아름다운 허상일 뿐."
또 어떤 날은 꿈이 도전한다.
"이 안에 갇힌 네 모습이 아니야."
그러나 나는 이제 조금 알게 되었다. 현실과 꿈은 적이 아니라,
서로를 지탱하는 두 기둥임을. 꿈이 있기에 무거운 현실을 견딜
수 있고, 현실을 살아 내기에 꿈 또한 지켜 낼 수 있음을.
그래서 나는 조심스레 그 줄 위에서 중심을 잡는다.
휘청거리기도, 때론 넘어지기도 하지만, 다시 일어나 걸음을
내딛는다.
그것이야말로 진짜 '살아 내는' 일이라는 것을.
나는 그렇게, 천천히 그리고 묵묵히 배워 간다.

10년의 법칙

깊은 생각

나를 알아봐 주는 사람

새로운 만남

할 수 있는 것들

갈망의 좋은 점

원

뚝심

선한 영향력

의형제

퇴근의 달콤함

정년

노력하면 바뀔 수 있는 것

자신감과 자존감

살면서 필요한 용기

자주 해야 하는 말

인간관계에서 알아야 할 것들

살아 있다는 증거

때론 힘들지만

나이라는 성숙함

청춘이라는 이름

다들 그렇게

꽃말의 진정한 의미

사랑의 언어

제 4 장

✳

어쩌면 가장 나다운 순간

10년의 법칙

누구나 인생의 전환점을 꿈꾼다.
한 번의 찰나, 단 하나의 선택, 짧은 시간의 노력으로 모든 것이 확 바뀌기를 바란다. 그건 어쩌면 인간 본능에 새겨진 갈망일지도 모른다.
그러나 진짜 변화는 화려한 순간 뒤에 숨겨진 긴 시간의 조용한 걸음에서 시작된다.
'10년의 법칙'.
그것은 어떤 길을 걷든 10년이라는 시간을 꾸준히, 묵묵히 걷는 이들에게 찾아온다.
위대한 예술가도, 뛰어난 운동선수도, 존경받는 리더도 그 앞에는 셀 수 없는 실패와 인내의 날들이 있었다.
이 법칙은 단순한 시간이 아니다.
그 10년은 수천 번 흔들리고 넘어지면서도 포기하지 않고 자신의 길을 믿으며 한 걸음씩 내딛는 여정이다. 그 여정은 찬란한 조명이 아닌, 차분한 어둠 속의 별빛 같다.
고요하고, 때로는 쓸쓸하고, 때로는 지루하기도 하다.
그러나 그 별빛이 모여 당신만의 하늘을 이루고, 세상이 몰랐던 진심과 실력을 비춘다.
"1년 안에 완벽해지려 하지 말라. 10년 뒤, 웃으며 서 있을 나를 위해 오늘 하루를 성실히 살아가라."
지금 당신의 재능이 아직 빛나지 않아도 괜찮다.
길을 잃지 않고 걷는 한, 10년 뒤의 당신은 지금의 상상조차 넘어서는 아름다운 별이 되어 있을 것이다.

깊은 생각

마음속 깊은 바다를 가만히 들여다본다.
잔잔한 파도 아래 숨겨진 어둠과 빛, 그리고 그 사이를 헤엄치는
무수한 기억들이 흐른다.
깊은 생각은 때로는 외로운 항해와 같다.
바람 한 점 없는 정적 속에서 나 자신과 마주하는 시간.
그곳엔 소음이 닿지 않고, 세상의 무게가 잠시 머물지 않는다.
생각은 조용히 피어나는 연꽃 같다. 흐트러진 일상 속 작은
틈에서 가장 진실한 나를 드러내는 순간이다.
때로는 무거운 돌멩이처럼 마음을 누르지만, 그 깊은 곳에서
비로소 삶의 의미와 방향이 솟아오른다.
깊은 생각은 우리에게 쉼과 깨달음을 선물한다.
그리고 다시 한 걸음, 더 나아갈 힘이 되어준다.
오늘도 나는 마음의 바다를 잠시 가라앉혀 본다.
그 속에서 내 안의 작은 빛을 찾으며.

나를 알아봐 주는 사람

세상은 수많은 얼굴들로 가득하지만, 내 마음을 비추는 거울은 그리 많지 않다.
가끔은 외로움이 파도처럼 밀려와 무심히 지나치는 사람들 속에 나라는 존재가 점점 희미해지는 듯하다.
그런데 문득, 내 숨결을 알아채는 누군가가 있다. 나의 말보다 더 깊이 듣고, 나의 침묵 속에 감춰진 이야기를 꿰뚫어보는 사람.
그 사람은 마치 어두운 밤하늘에서 내 별자리를 찾아내는 별빛 같다.
차가운 바람 속에서도 내 안의 불씨를 꺼뜨리지 않는 따스한 손길이다.
내가 무너지려 할 때, 그 사람의 눈빛은 부서진 나를 조용히 감싸안고 다시 일어설 용기를 건네준다.
나를 알아봐 주는 사람은 단순한 친구가 아니고, 내 마음의 등불이며, 가장 깊은 곳에서 나를 일으키는 바람이다.
그래서 나는 오늘도, 그 사람에게 고마움을 속삭인다.
"네 덕분에 나는 나일 수 있어."

새로운 만남

인생의 길목마다 우리는 새로운 문을 마주한다.
그 문 너머에는 아직 보지 못한 풍경과 이름 모를 바람이
기다린다.
새로운 만남은 마치 봄날에 처음 피어난 꽃잎처럼 설레면서도
조심스러운 순간이다.
서로의 온기가 닿기 전 아직은 차가운 공기 속에 낯섦과 기대가
뒤섞여 흐른다.
그 만남은 때로는 하루 종일 내리는 가랑비 같아 속삭이듯
천천히 마음을 적시고, 어떤 때는 밤하늘에 쏟아지는 별빛처럼
순간순간 눈부시게 스며든다.
새로운 인연은 우리가 그동안 알지 못했던 나 자신과 마주하게
해 주고, 서로의 이야기 속에서 잊고 있던 꿈과 희망을 발견하게
한다.
그리고 알게 된다. 그 만남들이 모여 나를 만들어 가는 빛나는
조각이 되어 준다는 것을.
그러니 두려워 말자.
새로운 문 앞에서 가슴이 떨려도, 서툰 발걸음이 머뭇거려도, 그
길 위에서 우리는 또 한 번 살아갈 힘을 얻는다.
새로운 만남이기에, 언제나 다시 태어나는 기적이니까.

할 수 있는 것들

세상이 무겁게 내려앉는 날에도 우리가 붙들 수 있는 작은 빛들이 있다.
바람에 흔들리는 갈대처럼 흔들려도 뿌리는 땅속 깊이 단단히 박혀 있듯, 할 수 있는 것들은 언제나 우리 곁에 조용히, 그러나 확실히 자리한다.
아직 완벽하지 않아도 괜찮다.
지금 당장 거창한 변화를 만들어 내지 않아도 작은 한 걸음, 한 호흡이 모여 길이 된다.
길가에 피어난 들꽃을 바라보고, 따뜻한 햇살에 얼굴을 내밀고, 누군가에게 건네는 다정한 미소 한 줌. 그것이 바로 우리가 할 수 있는 것들이다.
넘어져도 다시 일어나는 힘, 그 마음이 오늘을 견디게 하고, 내일을 향한 희망을 잉태한다.
우리 안에는 이미 세상을 환히 비출 수 있는 작은 불꽃들이 숨어 있다.
가만히 귀 기울여 보자.
그 불꽃들이 속삭인다.
"너는 충분히 할 수 있어."
"오늘도, 내일도, 조금씩."
할 수 있는 것들이 모여 언젠가 거대한 바다가 된다.
그 바다 위에, 우리의 꿈이 잔잔히 출렁인다.

갈망의 좋은 점

가슴 한편에 작은 불꽃처럼 피어나는 갈망이 있다.
그것은 때로는 아득한 저 먼 곳을 바라보게 하고, 때로는 오늘의
무거움을 견디게 하는 힘이 된다.
갈망은 빈 공간을 채우는 무언가가 아니라, 우리 안에 이미 품고
있던 가능성의 씨앗이다. 그 씨앗이 자라나는 동안 마음은
조용히 꿈틀거리고, 삶은 조금씩 빛을 향해 흔들린다.
갈망이 없는 삶은 잔잔한 호수처럼 평화롭지만, 그 속에 감춰진
물고기들은 움직이지 않는다.
하지만 갈망이 일렁이면 호수는 잔물결을 만들고, 그 잔물결은
결국 강이 되어 흘러간다.
그렇게 갈망은 우리 삶을 움직이는 숨결이자, 끝없는 변화와
성장을 부르는 바람이다.
때로는 갈망이 아파도 좋다. 그 아픔은 아직 채워지지 않은 꿈의
증거니까.
그리고 그 꿈은 언젠가 우리 손끝에 닿을 수 있는, 진짜 빛이
되어 준다.
그래서 갈망이 있어 다행이다.
그 덕분에 우리는 오늘도 조금 더 용감하게, 조금 더 선명하게
살아갈 수 있으니까.

원

인생은 직선이 아니다.
우리가 걷는 길은 마치 원을 그리듯 반복되고, 때로는
되돌아가고, 또는 같은 자리를 맴도는 듯 보인다.
그러나 그것은 단순한 제자리걸음이 아니다.
인생은 나선처럼, 원을 그리며 천천히 높아지고 깊어진다.
겉으로는 다시 만난 익숙한 풍경일지라도, 우리는 늘 조금 더
성숙한 눈으로 그 자리를 바라본다.
과거의 상처와 마주하고, 익숙한 실수를 다시 경험하는 순간들.
그것은 실패가 아니라, 같은 질문 앞에서 조금 더 깊은 답을
찾을 기회다.
봄이 오면 꽃이 피고, 여름이 지나면 낙엽이 지듯, 자연의
순환처럼 우리의 삶도 돌고 돈다. 그 안에서 우리는 배우고
사랑하며, 상처 입고도 다시 일어나 자란다.
매년 같은 꽃이 피어도 그 꽃은 더 단단하고 다채로워진다.
그러니 때때로 제자리로 돌아온 듯 느껴져도 자신을 다그치지
말자.
그 모든 반복은 나선형으로 쌓이는 진화의 흔적이다.
우리가 그리는 원은 결국 더 깊고 넓은 내일로 향하는 길이다.
오늘도 우리는 원을 그리며 걷는다.
비록 돌고 돌아도, 조금씩 앞으로 나아가며 더 나은 나를
만나러.

뚝심

삶은 때로 바람 부는 언덕길 같다.
넘어지고 싶지 않아 발걸음을 굳게 붙들지만, 그 바람은 결코 잔잔하지 않다.
뚝심은 바위처럼 단단한 의지가 아니다.
무언가를 억지로 밀어붙이는 힘도 아니다.
그건 작고 조용한 씨앗 같은 것이다.
비바람 속에서도 땅속 깊이 뿌리를 내리고 보이지 않는 곳에서 천천히 자라나는 힘.
눈에 띄지 않아도 사라지지 않는 힘.
사람들은 흔들릴 때면 쉽게 포기하라고 말한다.
그러나 뚝심은 다르다.
넘어져도 일어나고, 조용히 다시 길을 찾아 걷는 것이다.
그 길은 화려하지 않지만 가장 오래, 가장 깊게 나를 지켜 준다.
뚝심은 마치 어두운 밤하늘에서 천천히, 그러나 확실히 빛나는 별처럼 우리 안에 조용히 빛난다. 그 빛이 있기에 우리는 다시 일어설 수 있고, 내일을 향해 한 걸음 더 내딛는다.
뚝심은 말하지 않아도 삶을 견디고 살아 내는 가장 따뜻한 힘이다.

선한 영향력

세상은 거대한 파도처럼 쉼 없이 밀려왔다 밀려가지만, 그 파도의 중심에는 언제나 한 사람의 조용한 빛이 있다.
그 빛은 화려한 불꽃이 아닌, 지친 누군가의 어깨를 토닥이는 손길처럼, 힘겨운 순간에도 꺾이지 않는 정직함처럼, 남보다 자신을 낮추는 따스한 배려처럼 작고 소박한 순간들에서 피어난다.
그 영향력은 소리 없이 잔잔한 물결이 되어 퍼져 나간다.
내가 건넨 한마디, 작은 친절이 누군가의 마음에 닿아 또 다른 온기가 되고, 그렇게 이어진 마음들이 세상을 조금씩 더 단단하고 따뜻한 숲으로 바꿔 간다.
우리는 서로의 선함에 기대어 더 나은 사람이 되어 간다.
선한 영향력은 거창한 영웅의 몫이 아니다.
마음속에 작지만 확실한 온기를 품은 우리 모두의 몫이다.
오늘 당신이 뿌리는 선의 씨앗이 언젠가 푸르고 넓은 숲이 되어 세상의 어두움을 품고, 빛이 될 것이다.

의형제

인생이라는 긴 여정 속에서 우리가 만나는 사람들은 수없이 많다.
그중 누군가는 스쳐 지나가고, 어떤 이는 깊은 인연으로 남는다.
의형제란, 피로 맺어진 형제가 아니라 마음으로 맺어진 형제다.
서로의 상처를 알고, 서로의 무게를 함께 짊어지는 사람. 그는 말없이 다가와 가장 어두운 시간에 손을 내밀고, 어떤 말보다 깊은 위로가 되어 준다. 서로의 부족함을 채우고, 때로는 나지막이 속삭이며 함께 걸어가는 길동무다.
의형제란, 바람과 바람이 만나 함께 노래하는 것처럼 서로의 이야기를 들어 주고, 서로의 꿈을 지켜 주는 동행이다. 어쩌면 삶에서 가장 진한 우정은 말로 다 할 수 없는 그 마음의 약속에서 시작된다.
나와 너, 서로가 서로의 의지가 되어 서로를 지키는 한 조각의 빛이 되는 것.
그것이 바로 의형제의 힘이다.

퇴근의 달콤함

하루 종일 쌓인 긴장과 피로가 서서히 녹아내리는 순간, 그것은 바로 퇴근길이다.
복잡한 도시의 소음 사이로 나만의 숨결이 되살아나는 길 위에서, 마음 한편에 따스한 안도감이 스며든다.
퇴근은 단순히 일을 마치고 집으로 가는 길이 아니다. 오늘 땀 흘린 시간이 내일의 나를 위한 약속으로 이어지도록 잠시 숨을 고르는 고요한 의식이다.
친구와 나누는 웃음, 가족과 함께하는 온기 어린 식탁 그리고 나만을 위한 조용한 휴식.
그 모든 작은 순간들이 퇴근 후에야 비로소 내게 속삭인다.
"수고했어. 잘 버텼어."
그래서 우리는 다시 일어선다.
내일을 맞이할 힘을 품고, 새로운 하루를 향해 걸음을 내딛는다.
퇴근의 달콤함은 삶을 이어 가는 가장 진솔한 선물이다.

정년

정년이라는 단어는 누군가에게는 마침표처럼 느껴지기도 한다.
끝났다는 선언, 지나간 시간에 대한 최종 정리.
하지만 정년은 그저 하나의 숫자일 뿐이다.
숫자는 변하지만, 사람의 삶은 멈추지 않는다.
길게 뻗은 인생의 길 위에서 정년은 잠시 쉬어 가는 쉼표와 같다.
한 걸음 멈추어 서서 지나온 길을 돌아보고, 앞으로 펼쳐질 또 다른 길을 조용히 마주하는 시간.
그동안 쌓아 온 무수한 이야기들, 땀과 눈물, 웃음과 사랑이 정년이라는 말에 새겨진다.
그리고 비로소, 진짜 '나'를 위한 시간이 열린다.
누군가를 위한 책임과 의무 뒤에 숨겨 두었던 나만의 꿈과 소망이 다시 고개를 든다.
정년은 끝이 아니라 또 다른 시작이다.
새로운 하루가 열리고, 새로운 꿈이 피어나는 문턱이다.
그래서 오늘도 그 길 위에 선 모든 이에게 말하고 싶다.
"정년은, 삶의 또 다른 봄날이다."

노력하면 바뀔 수 있는 것

우리 삶을 움직이는 가장 강렬한 힘은 바로 '노력'이라는 이름의 작은 씨앗이다.
지금은 보이지 않아도 땅속 깊이 묻힌 씨앗은 묵묵히, 조용히 자라난다.
때로는 익숙함이라는 단단한 벽이 그 성장을 막는 듯 보이지만, 노력은 그 벽을 조금씩 허문다. 하루하루 쌓인 작은 발걸음이 모여 언젠가는 눈부신 꽃을 피우듯이.
노력은 결코 화려하지 않다. 땀과 숨 가쁨, 때론 좌절과 외로움이 함께하는 고된 여정이다.
하지만 그 과정 속에서 우리는 자신을 만나고, 무너진 자리를 일으켜 세우며 조금씩 변화를 느낀다.
변화는 한순간의 기적이 아니라 매일의 작은 실천이 이어져 만들어지는 서서히 피어나는 꽃이다.
오늘도 그 길 위에 서 있는 당신에게 조용히 말하고 싶다.
"당신의 노력은 이미 변화를 시작했습니다."
그 작은 씨앗이 피워 낼 빛나는 내일을 믿으며.

자신감과 자존감

자신감과 자존감은 마치 서로 다른 두 빛과 같다.
자신감은 바람에 흔들리는 촛불 같기도 하다.
때로는 세상의 거센 바람에 휘청이고, 불안한 마음에 쉽게
흔들린다.
하지만 그 촛불이 꺼지지 않고 조용히 흔들릴 때마다 우리는
다시 한 걸음 나아갈 힘을 얻는다.
자존감은 깊고 견고한 뿌리와 같다.
보이지 않는 땅속에서 나를 지탱해 주고, 내가 흔들릴 때마다
단단히 잡아 주는 힘이다.
자신감이 외부에서 반짝이는 빛이라면, 자존감은 내면에서
잔잔히 빛나는 불꽃이다.
때론 자신감이 부족해 흔들릴 때가 있어도 자존감이 나를
붙잡아 준다.
그럴 때 우리는 다시 스스로에게 말할 수 있다.
"나는 충분히 가치 있고, 내가 걸어가는 이 길은 옳다."
자신감과 자존감은 서로를 보완하며 나를 완성한다.
하나만으로는 흔들릴 수 있지만, 둘이 만나면 내 안에 흔들리지
않는 빛이 된다.
오늘도, 그 두 빛을 품고 천천히 나를 사랑하는 하루가 되길.

살면서 필요한 용기

삶은 끝없이 펼쳐진 미지의 길, 그 위에는 성공과 실패가 손을 맞잡고, 기쁨과 슬픔이 함께 춤춘다.
그 모든 순간마다 우리가 꺼내야 하는 한 줌의 빛,
그것이 바로 '용기'다.
용기란 화려한 영웅담 속의 불꽃이 아니다. 오히려 일상의
조용한 선택, 나 자신에게 숨김없이 고백하는 마음에서
시작된다.
내면을 들여다보는 용기, 흠결과 약점, 불완전함마저도 있는
그대로 마주할 때 우리는 비로소 성장의 첫걸음을 내딛는다.
실패 앞에서 두려움을 녹이는 용기.
실패는 누구에게나 찾아오는 밤하늘의 별이다.
그 별빛이 없으면 우리는 길을 잃고 마는데, 그 빛을 따라 다시
일어서는 힘이 진짜 용기다.
변화 앞에 서서 한 발 내딛는 용기.
익숙함은 편안한 바다 같지만, 성장은 미지의 파도를 타는 일이다.
두려움을 품고도 앞으로 나아갈 때, 우리는 새로운 나를 만난다.
관계 속에서 다가서는 용기.
사랑하고 용서하며, 상처에도 불구하고 마음의 문을 여는 일.
먼저 이해하려는 그 마음이 서로를 잇는 다리가 된다.
용기는 거대한 이야기 속에만 숨어 있지 않다.
우리 모두의 하루하루, 작은 심장 속에서 조용히 피어나는
불꽃이다.
때론 한 걸음 내딛는 용기, 때론 멈춰 서서 숨 고르는 용기.
중요한 것은 멈추지 않는 마음, 진실한 나로 살아가려는
결심이다.
그 결심이야말로 우리 삶을 가장 아름답게 빛나게 하는 가장
크고 깊은 용기다.

자주 해야 하는 말

우리는 매일 무심코 지나치는 말들 속에 삶의 숨결을 담아야
한다.
그 말들은 마치 어둠 속에서 빛나는 등불처럼 우리 마음을
비추고, 길을 열어 준다.
"괜찮아."
내 안의 흔들림을 달래는 부드러운 손길, 상처 난 마음에
스며드는 따스한 물방울. 스스로를 위로하는 이 말은 가장 큰
용기가 되어 다시 일어서게 한다.
"고마워."
사소한 순간에도 빛나는 감사의 불꽃, 서로를 잇는 보이지 않는
다리. 그 말 한마디가 하루의 무게를 덜어 내고 마음을 풍성하게
채운다.
"미안해."
부서진 마음을 어루만지는 진심의 씨앗, 잘못을 인정하는
겸손함 속에서 관계는 다시 꽃을 피운다.
"사랑해."
가장 깊은 곳에서 울려 퍼지는 노래, 말하지 않아도 느껴지길
바라는 마음.
그 말이 있어 삶은 더 부드럽고 따뜻해진다.
자주 해야 하는 말들은 우리 존재의 빛깔을 더해 준다.
그 말들을 가만히 꺼내어 내 안에 심고, 서로에게 전할 때
세상은 조금 더 부드럽고, 조금 더 아름다워진다.
오늘도 내 입술 끝에 머무는 따뜻한 말들이 누군가의 마음에
작은 꽃이 되길 바라며.

인간관계에서 알아야 할 것들

인간관계는 우리의 삶을 채우는 가장 섬세한 풍경이다.
그 안에서 사랑은 꽃피고, 성장은 뿌리를 내리며, 때로는 아픔이
짙은 그림자를 드리운다.
오래도록 좋은 관계를 품고 싶다면 잊지 말아야 할 몇 가지 비밀이 있다.
진심은 결국 닿는다.
겉치레로 꾸민 미소는 바람처럼 스러지고, 솔직한 마음의 말만이
시간을 넘어 서로의 마음에 스며든다.
귀 기울여 듣는다는 건 그저 소리를 받아들이는 것이 아니라,
마음의 문을 열고 손을 내미는 일이다.
대화는 말하는 만큼 진심으로 듣는 데서 완성된다.
차이는 틈이 아닌, 서로를 더욱 깊게 이해하는 다리가 된다.
나와 다른 색깔을 품은 그대도 존중이라는 빛 속에서 더욱 빛난다.
감정은 누군가에게는 비밀의 언어다.
같은 풍경을 보아도 느끼는 바는 다르기에, 그 마음을 있는 그대로
받아들이는 공감이 필요하다.
갈등은 관계의 끝이 아니라 더 단단해질 수 있는 싹이다.
피하기보다는 마주하는 용기 그리고 진심 어린 대화가 서로를
살리는 첫걸음이 된다.
감사와 칭찬은 작은 불씨 같은 선물이다.
그 불씨는 차가운 날에도 따뜻한 온기를 품게 한다.
하지만 무엇보다도, 나 자신을 지키는 일이 가장 중요하다.
스스로에게 온기를 줄 줄 아는 사람이야말로 타인의 마음에도
진심을 심을 수 있다.
좋은 관계는 저절로 완성되지 않는다. 그러나 작은 배려와 이해가
쌓이고 쌓여 마침내 삶의 풍경을 한결 따뜻하게 물들인다.
그것이야말로 인간관계가 우리에게 선사하는 가장 소중한 선물일
것이다.

살아 있다는 증거

살아 있다는 것은 단지 숨 쉬고 있다는 뜻만은 아니다.
바람이 나뭇가지를 흔들고, 햇살이 잔잔히 마음을 데우며, 비가 내려 땅을 적시는 그 모든 순간 속에 우리는 '살아 있음'을 느낀다.
살아 있다는 증거는 가끔은 눈물로, 때로는 웃음으로, 가장 소중한 마음의 흔적들로 남는다.
때로는 고통이 깊은 그늘처럼 드리워지고, 때로는 기쁨이 꽃처럼 활짝 피어난다. 그 모든 감정이 내 안에서 춤추며 나를 더욱 진짜 '나'로 만든다.
심장이 뛰는 소리, 걸음이 땅에 닿는 떨림 그리고 누군가를 향한 따뜻한 시선. 그것이 바로 내가 살아 있다는 가장 눈부신 증거다.
삶은 완벽할 필요 없다.
때론 흔들리고, 넘어지며, 상처 입고 아파도 괜찮다.
그 순간에도 우리는 여전히 여기서 조용히, 또 힘차게 숨 쉬고 있으니까.
살아있다는 건 이 세상과 나누는 끝없는 이야기이며, 매일 다시 써 내려가는 우리만의 시다.
오늘도 나를 바라보며 속삭인다.
"네가 있기에, 이 하루가 빛난다."

때론 힘들지만

때로는 길이 끝없이 멀게만 느껴진다.
발걸음은 무겁고, 마음은 지쳐 흔들린다.
하지만 그런 날들도 있다. 어둠 속에 숨어 있던 작은 별들이
조용히 반짝이기 시작하는 순간이.
힘겨움이란 바람에 꺾이지 않는 나무의 뿌리와 같아 더 깊이
땅속으로 뻗어 나가는 힘이다.
눈물은 비가 되어 마음을 씻고, 다시금 빛을 머금게 한다.
때론 넘어져도 괜찮다.
그 자리에 머무르지 않고 다시 일어나려는 그 마음 하나로
충분하다.
삶은 늘 완벽하지 않지만 그 불완전함 속에서 우리는 더
단단해지고, 더 아름답게 자라난다.
그러니 지금, 힘들다고 느껴도 그 모든 순간이 결국 나를
빚어내는 빛임을 기억하자.
바람 부는 길 위에서도 나는 여전히 꿈을 향해 걷고 있으니까.

나이라는 성숙함

나이는 숫자에 불과하다는 말이 있지만, 그 안에는 결코 가벼이
지나칠 수 없는 시간이 흐른다.
세월은 마치 잔잔한 호수에 잔물을 던지듯 우리의 마음에 크고
작은 파동을 남긴다. 그 파동은 때론 상처가 되고, 때론 깊은
성찰의 흔적이 되어 마음 밑바닥에 남는다.
진정한 성숙함은 주름살이나 흰 머리카락에서 오는 것이
아니다. 그것은 인생의 무게를 조용히 품고, 넘어졌을 때에도
다시 일어설 줄 아는 내면의 힘이다.
나이는 우리에게 더 많은 것을 요구하지 않는다.
오히려 더 너그러워지고, 더 깊이 사랑하며, 더 담담하게 세상을
마주할 용기를 선물한다.
시간은 흘러가지만, 그 안에 깃든 성숙함은 마음 한편에서
은은하게 빛난다.
그 빛은 서두르지 않아도 괜찮다는 위로이며, 완벽하지 않아도
괜찮다는 다독임이다.
나이라는 이름의 성숙함은 결국 우리 자신을 온전히
받아들이는 것에서 시작된다.

청춘이라는 이름

청춘은 눈부신 햇살 같기도 하고, 때로는 한낮의 소나기처럼 갑작스러운 시련이기도 하다.
그 이름 아래 우리는 뜨거운 열망을 품고 끝없이 달려가지만, 때로는 길 잃은 나그네처럼 서성이기도 한다.
청춘은 완벽함을 요구하지 않는다. 오히려 부서지고, 흔들리고, 때론 넘어져야만 빛나는 이름이다.
그 시간은 꽃이 피기 전, 묵묵히 뿌리를 내리고 깊어지는 땅속의 시간과 같다.
때로는 외롭고, 때로는 설레며, 그 모든 순간이 모여 우리의 이야기를 빚어낸다.
청춘이라는 이름은 결코 짧은 시간이 아닌, 마음속 깊이 새겨진 흔적이다. 그 흔적은 결국 우리가 살아 있음을 증명하며, 세상을 향해 조용히 속삭인다.
"나는 여기 있다, 나만의 빛으로."

다들 그렇게

다들 그렇게 산다.
보이지 않는 무게를 짊어지고, 조용히 무너졌다가도 다시
일어서며. 누군가는 말없이 눈물을 삼키고, 누군가는 가면 뒤에
숨겨 둔 미소를 지으며, 우리는 각자의 자리에서 하루를 견딘다.
그 누구도 완벽하지 않고, 모두가 상처를 안고 있지만, 그
상처들은 보이지 않는 길을 밝히는 작은 등불이다.
때론 흔들리고, 때론 멈추기도 하지만, 그 안에서 우리는 어쩌면
가장 깊은 용기를 배운다.
다들 그렇게 조용히 자신만의 싸움을 이겨 내며 살아 낸다.
그리고 그 모든 '그렇게'가 모여 '우리'라는 이야기를 만든다.
우리는 혼자가 아니다.
그렇게, 함께 걸어가고 있다.

꽃말의 진정한 의미

꽃은 말하지 않는다.
하지만 그 한 송이, 한 송이의 꽃들은 마치 말하듯, 저마다의
이야기를 품고 있다.
어떤 꽃은 사랑을 속삭이고, 어떤 꽃은 이별의 아픔을 담아내며,
어떤 꽃은 희망과 용기를 노래한다.
우리가 흔히 아는 '꽃말'은 겉으로 드러나는 의미에 불과하다.
그 진짜 뜻은, 꽃이 피어난 자리의 바람과 햇살, 그 안에 숨겨진
시간의 무게와 기억 속에 있다.
슬픔과 기쁨이 교차하는 삶의 순간들처럼 꽃말 또한 단순한
메시지가 아니라 우리 마음 깊은 곳을 비추는 거울이다.
누군가에게 건네는 꽃 한 송이는 말없이 마음을 전하는 가장
따뜻한 언어, 아직 다 전하지 못한 감정의 숨결이다.
그래서 꽃말을 알기 전에도 우리는 꽃 앞에서 가만히 머물고, 그
빛과 향기에 마음을 내어 준다.
진정한 꽃말은, 꽃이 우리에게 주는 순간의 '감정'이다.
말보다 깊고, 눈물보다 맑은 가장 순수한 위로의 언어.
꽃 한 송이에 담긴 무수한 이야기를 듣는 일, 그것이 바로
우리가 꽃과 나누는 가장 진실한 대화다.

사랑의 언어

사랑은 말로 다 담아내기 어려운 감정이다.
그래서 때로는 침묵 속에, 때로는 작은 손짓 속에 숨어 있다.
사랑의 언어는 거창한 선언이 아니다. 부드러운 눈빛, 따뜻한 손길, 그리고 아무 말 없이 건네는 한 줌의 위로.
서로의 마음을 잇는 다리는 때로는 말이 되고, 때로는 침묵이 된다.
사랑은 가장 진솔한 언어로 전해진다.
기대지 않아도 되는 어깨, 힘들 때도 그대로 있어 주는 존재, 무심한 듯 챙겨 주는 작은 배려 속에서 피어난다.
그 언어는 시간이 지나도 바래지 않고, 오히려 쌓여서 더 깊고 단단해진다.
우리가 서로에게 건네는 그 말 없는 말들, 그 느린 속삭임들이 진짜 사랑의 언어다.
때로는 부서지기 쉬운 유리처럼 투명하게, 때로는 거친 파도처럼 뜨겁게, 그리하여 사랑은 가장 아름다운 소통이 된다.
사랑의 언어를 배우는 일은 끝없이 서로의 마음을 읽고, 그 마음 안에서 나를 발견하는 여정이다.
그리고 그 여정 끝에서, 우리는 비로소 진짜 사랑을 마주한다.

기다림의 미학 / 배려는 마음의 온도 / 익숙함 / 당당함의 사실 / 위로의 승리 / 사과의 안심 / 뜨거움과 따뜻함의 차이 / 기대를 넘어서 / 선물, 마음을 담긴 작은 순간 / 편안함이라는 쉼표 / 시간의 기적 / 기분 좋은 소리 / 세상의 이치 / 마음의 휴식처 / 다정다감함 / 자격, 그 안에 담긴 마음 / 진정한 어른 / 상상의 날개 / 말보다 행동 / 그 이름, 친구 / 투지, 절대 꺼지지 않는 불꽃 / 착하다는 것 / 가장의 일 / 내가 나에게 보내는 칭찬

제 5 장

나를 대하는 태도

기다림의 미학

기다림은 마치 겨울 끝자락에 피어나는 한 송이 꽃과 같다.
조용히, 그러나 분명히 시간을 품고 피어나는 그 모습처럼.
우리 삶 속 기다림은 흔들리는 불빛과도 같다.
바람이 불어도 꺼지지 않고 어둠 속에서 은은하게 빛난다.
때로는 지루하고, 때로는 아프지만 기다림은 우리에게 무언가를 가르친다.
성급함을 버리고, 조바심 대신 깊은 숨을 쉬는 법을.
기다림 속에서 우리는 스스로와 대화하고, 잊고 있던 희망을 다시 꺼내 보며, 마음의 시간을 조금씩 쌓아 간다.
바람에 흔들리는 갈대처럼 흔들려도, 뿌리를 단단히 내려 결국 다시 일어서는 법을.
그리하여 기다림은 단순한 시간의 경과가 아니라 마음의 성장이고, 사랑의 깊이다.
기다림을 아는 사람만이 비로소 인내의 꽃을 피우고, 마침내 자신의 길 위에서 가장 빛나는 순간을 맞이한다.
그래서 기다림은 우리 삶의 가장 서정적인 미학이다.

배려는 마음의 온도

배려는 거창한 행위가 아니다.
그저 조용히 문을 잡아 주는 손길, 피곤에 잠긴 이에게 건네는
따스한 말 한마디, 누군가의 이야기를 끝까지 귀 기울여 듣는
마음. 그 소소한 순간들이 모여 비로소 진심 어린 배려의 불씨가
된다.
배려는 나보다 느린 걸음 뒤에서 기다려 주는 여유고, 타인의
시선으로 세상을 다시 한번 비추는 따스한 빛이다.
우리는 모두 서로의 배려 속에서 때로는 위로받고, 때로는 힘을
얻으며 살아간다.
아무리 세상이 차갑고 삭막해도 사람 사이를 흐르는 작은
배려의 온기가 서서히 그 얼음을 녹여 내는 법이다.
오늘 하루, 작은 배려 하나가 누군가의 마음에 포근한 온기를
더한다면 그 자체로 이미 충분히 아름다운 하루일 것이다.
배려는 마음의 온도다.
보이지 않아도 느껴지고, 조용히 세상을 따뜻하게 만드는
기적이다.

익숙함

익숙함은 마치 오래된 바람처럼 내 삶을 감싼다.
처음엔 새롭고 낯설던 길도 지나고 나면 어느새 편안한 그림자가 된다.
그 속에서 우리는 안도하고, 때로는 무심해진다.
익숙함은 나를 지켜 주는 울타리이자, 때로는 나를 가두는 보이지 않는 벽이기도 하다.
그 벽 너머에는 새로운 풍경이 있지만, 우리는 그 낯섦을 두려워하며 발걸음을 멈춘다.
익숙함은 달콤한 안식인 동시에, 멈춰 서라고 속삭이는 조용한 유혹이다.
하지만 가끔은 그 울타리를 넘어야 한다.
낡은 바람 속에 숨겨진 새로운 향기를 맡기 위해, 익숙한 바다를 떠나 낯선 파도를 마주하기 위해.
익숙함을 벗어나는 용기는 우리의 마음에 새로운 길을 열고, 더 깊고 넓은 세상을 품게 한다.
그리하여 우리는 다시 익숙함과 낯섦 사이를 헤엄치며, 조용히 성장해 간다.
익숙함은 결국 나를 지키는 동시에 나를 깨우는 은밀한 선물임을, 우리는 언젠가 알게 될 것이다.

당당함의 사실

당당함은 화려한 외침이 아니다.
번쩍이는 조명 아래서 우뚝 서는 모습도 아니다.
진정한 당당함은 조용한 내면의 불꽃처럼 가장 어두운 순간에도 흔들리지 않는 한 줄기 빛이다.
우리는 흔히 당당함을 완벽함이나 무결점과 혼동한다.
하지만 그 이면엔 수많은 상처와 불안 그리고 흔들림이 숨어 있다.
당당함은 넘어지고 무너졌던 시간을 품고, 그럼에도 다시 일어서는 마음의 무게다.
그 사실을 아는 사람만이 진짜 당당함을 지닐 수 있다.
때론 작고 연약해 보이는 내 안의 불씨를 감싸안고 스스로에게 속삭인다.
"괜찮아. 너는 이미 충분히 당당해."
세상에 외치는 당당함보다 조용히 내 안에서 피어나는 당당함이 더 깊고 단단하다.
그것은 삶의 파도에 맞서며 쌓아 올린 나만의 견고한 성채다.
당당함의 진짜 얼굴은 완벽하지 않은 나를 숨김없이 사랑하는 용기에서 시작된다.

위로의 승리

삶의 전쟁터에서 가장 조용한 승리는 자신에게 건네는 작은 위로다.
누군가에게 들키지 않은 눈물, 깊은 밤 홀로 다독이는 마음, 그 속에서 자라나는 용기와 사랑이다.
우리는 때로 무너지고 흔들리지만, 그 순간마저 부드럽게 감싸안을 때 진짜 승리가 시작된다.
위로는 상처를 숨기려는 것이 아니라 상처를 인정하고, 그 자리에 따뜻한 빛을 비추는 일이다.
누군가의 말 한마디, 가만한 손길, 조용한 기다림이 세상의 무거움을 조금씩 녹인다.
그 작은 불씨들이 모여 어둠 속에서도 길을 찾게 하고, 차가운 세상 한가운데서 우리 마음의 봄을 피운다.
위로하는 마음은 패배가 아닌 새로운 시작이다.
넘어졌던 자리에서 다시 일어서는 힘, 부서진 마음을 천천히 맞추는 시간, 그것이 바로 내 안에 숨겨진 가장 큰 승리다.

사과의 안심

사과는 말이 아닌 마음의 다리다.
부서진 관계 위에 조심스레 놓이는 작은 손길, 거친 바람 속에서도 잔잔한 호수처럼 마음을 가라앉힌다.
진심 어린 사과는 내면의 무거움을 살며시 내려놓는 일이다.
그것은 약함이 아니라 용기와 온유가 함께하는 순간이다.
때로는 말로 표현하기 어려운 상처를 사과는 조용히 감싸안고, 서로를 향한 불안과 두려움을 녹인다.
사과하는 사람도, 받아들이는 사람도 그 마음 한편에 안심을 심는다.
"괜찮아."
"우리 다시 시작할 수 있어."
그 안심 속에서 갈등의 파도는 잔잔해지고, 서로에게로 향하는 길은 다시 열리며, 사랑과 이해가 조금씩 자라난다.
사과는 마음의 평화를 부르는 작은 씨앗, 그 씨앗이 자라나는 순간, 우리 관계는 더 깊고 단단해진다.

뜨거움과 따뜻함의 차이

뜨거움은 불꽃 같다.
한순간 번쩍이며 모든 것을 태우고 지나가지만, 그 불길은 쉽게 사그라지고 남김없이 소멸한다.
반면, 따뜻함은 햇살처럼 부드럽다.
오랜 시간 서서히 스며들어 얼어붙은 마음을 녹이고, 조용히 온기를 품어 준다.
뜨거움은 열정의 번쩍임, 찬란하지만 때로는 눈부셔서 서로를 멀어지게 만들기도 한다.
따뜻함은 진심의 온기, 서로의 손을 감싸안으며 느리지만 깊게, 마음에 닿는다.
뜨거움은 순간의 불꽃이지만 따뜻함은 삶을 지탱하는 불씨다.
때로는 뜨거운 열정이 필요하지만, 우리에게 진짜 힘이 되는 건 서로를 감싸 주는 따뜻한 손길임을 기억하자.
뜨거움과 따뜻함 사이, 그 미묘한 온도 차이 속에서 우리는 진정한 마음의 온기를 배운다.

기대를 넘어서

기대는 마음속 작은 씨앗이다.
어느 날 조심스레 심어진 그 씨앗은 시간이 흐르며 살며시 싹을 틔우고, 희망이라는 이름의 잎사귀를 펼친다.
하지만 때로는 그 씨앗이 자라나는 모습이 우리 상상보다 더디고, 더디게만 느껴진다.
그럴 때면 마음은 무겁고 초조하다.
그러나 기대란 단순히 기다림만은 아니다.
기대는 스스로에게 보내는 조용한 약속이자 한계를 넘어서는 힘의 시작이다.
우리가 진짜 만나야 할 순간은 기대가 현실을 뛰어넘어 새로운 가능성으로 피어날 때다.
그때 비로소 나는 알게 된다. 내 안에 감춰진 잠재력과 용기가 기대라는 이름으로 자라난다는 것을.
기대는 끝이 아니라 출발이다.
우리가 만들어 가는 그 너머의 세계를 향한 조용하지만 강렬한 발걸음이다.
기대를 넘어서, 오늘도 나는 한 걸음씩 더 나아간다.

선물, 마음을 담는 작은 순간

선물은 단지 물건이 아니다.
그것은 마음이 전해지는 부드러운 언어며, 사랑을 속삭이는 조용한 용기다.
반짝이는 포장지 안에 감춰진 것은 비록 작고 소박한 것이어도 수많은 기억과 이야기, 그리고 '너를 생각했어'라는 숨결이 담겨 있다.
받는 이의 얼굴에 스미는 미소는 말로 다 표현하지 못한 감정의 작은 번짐이며, 그 순간이 선물이 지닌 은밀한 마법이다.
선물은 거창하거나 화려할 필요 없다.
가장 소박한 것일지라도 진심으로 빚어진다면 그 마음은 오랫동안 마음 한편에 머문다.
오늘, 누군가에게 작은 선물을 건네 보자.
그 짧은 순간, 서로의 마음이 살며시 닿아 더 가까워지는 기적을 느낄 수 있을 것이다.

편안함이라는 쉼표

삶이라는 문장 속에서 편안함은 한 줄의 쉼표와 같다.
바쁘고 빠르게 이어지는 말들 사이 잠시 멈추어 숨 고르는 순간,
그 여백에서 비로소 나를 만난다.
누군가의 따뜻한 미소, 조용히 건네는 한마디, 익숙한 공간 속
느껴지는 포근한 공기. 그 작은 쉼표들이 마음을 가라앉히고,
흐트러진 마음을 다시 다잡게 한다.
편안함은 소란한 세상에 맞서는 나만의 고요한 안식처이자
부드러운 숨결 같은 위로다.
그 쉼표가 있기에 우리는 다시 힘을 내어 다음 문장으로, 다음
하루로 나아갈 수 있다.
삶의 문장에 때로는 긴 호흡보다 조용한 쉼표 하나가 더
필요하다.
그 쉼표 속에서 나는 나를 다시 품고, 세상과 부드럽게
이어진다.

시간의 기적

시간은 조용한 마법사다.
눈에 보이지 않는 손길로 우리의 상처를 감싸고, 흐릿한 기억을 또렷하게 빚어낸다.
지나간 날들의 무게가 서서히 가벼워질 때 우리는 그 안에서 기적을 마주한다.
한때는 감당하기 버거웠던 아픔도, 때로는 멈추고 싶던 순간도, 시간이라는 잔잔한 강물에 실려 조용히 스며들어 가며 우리 안에 새로운 빛을 틔운다.
시간이 흘러야만 알 수 있는 것들이 있다.
그것은 서두름 없이 천천히, 우리의 마음속에 잔잔한 평화를 심어 준다.
기적은 거창한 폭발이 아니라, 하루하루 조금씩 쌓여 가는 변화다.
작은 시간들이 모여 결국 우리를 온전한 모습으로 완성한다.
시간의 기적 앞에서 우리는 기다림의 미학을 배우고, 조용히 자신을 사랑할 용기를 얻는다.
그래서 오늘도 나는 믿는다.
시간이 나를 어루만지고 새로운 내일을 선물할 거라고.

기분 좋은 소리

어느 날 문득, 귓가에 스며드는 작은 소리에 마음이 녹아내린다.
바람에 실려 오는 나뭇잎의 속삭임, 멀리서 들려오는 아이들의 웃음소리, 커피잔 부딪히는 따스한 울림 그리고 누군가 건네는 "괜찮아"라는 말 한마디.
이 모든 소리는 하루의 무게를 잠시 내려놓게 하는 작은 위로다.
기분 좋은 소리는 마음의 빈틈을 채우는 마법 같아, 그 소리 하나에 우리는 잠시 숨을 고르고, 삶의 흐름 속에서 다시금 걸음을 내딛는다.
때로는 소음에 묻혀 잊혀지기도 하지만, 그 소리는 늘 우리 안에 숨 쉬고 있다.
기분 좋은 소리는 결국 마음 깊은 곳에 쌓인 작은 행복의 조각이다.
오늘도 귀 기울여 보자.
그 속삭임 속에 숨겨진, 소중한 삶의 노래를.

세상의 이치

세상은 늘 변한다.
봄이 와서 꽃이 피고, 여름이 지나면 낙엽이 지듯, 모든 것에는 저마다의 시간이 있다.
기쁨과 슬픔, 만남과 이별, 빛과 그림자처럼 서로를 품으며 세상은 그렇게 균형을 맞춰 간다.
때로는 흐르는 강물처럼 멈추지 않고 지나가고, 때로는 뿌리 깊은 나무처럼 견고히 자리를 지킨다.
우리가 배워야 할 것은 이 변화 속에 흔들리지 않는 마음, 그리고 순리를 받아들이는 지혜다.
세상의 이치는 완벽한 조화가 아니라 서로 다른 것들이 만나 서로를 이해하며 빚어내는 아름다움이다.
그리하여, 우리는 오늘도 조용히 그 흐름에 몸을 실으며 한 걸음씩 앞으로 나아간다.

마음의 휴식처

바쁜 하루 끝, 온 세상이 잠들 무렵, 마음은 조용히 자신만의 작은 안식처를 찾는다.
그곳은 거대한 성곽도, 화려한 궁전도 아니다.
그저 따뜻한 불빛 하나, 부드러운 바람 한 줄기 그리고 마음 깊은 곳에서 피어나는 고요한 평화다.
삶의 무게가 어깨를 짓누를 때면 그 휴식처는 나를 살며시 감싸안고, 지친 숨을 고르게 해 준다.
여기서는 서두르지 않아도 된다.
여기서는 판단하지 않아도 된다.
그저 내가 나로 존재하는 것만으로도 충분하다.
마음의 휴식처는 우리가 살아가는 이유를 다시 떠올리게 하고, 내일의 발걸음을 다시 힘차게 내딛게 하는 숨겨진 힘이다.
그곳이 있다면, 우리는 어떤 폭풍 속에서도 조용히 중심을 잡을 수 있다.
그래서 오늘도 나는 그 작은 안식처를 향해 마음을 천천히 그리고 부드럽게 접는다.

다정다감함

세상의 거친 바람 속에서도 가장 따뜻하게 빛나는 것은
다정다감한 마음의 불씨다.
그 불씨는 말없이 스며들어 누군가의 차가운 마음을
어루만지고, 조용히 상처 난 영혼을 감싸안는다.
다정다감함은 크고 거창한 말이나 행동이 아니라 작은 손길
하나, 잔잔한 눈빛 하나 그리고 깊은 공감의 숨결에서 시작된다.
때로는 말없이 함께 있어 주고, 때로는 무심한 듯 가볍게 건네는
한마디가 무너진 마음에 다시 일어설 힘을 준다.
그 다정다감함은 바람에 흔들리는 나뭇잎처럼 연약해 보이지만
사실은 가장 단단한 뿌리가 되어 사랑과 위로의 숲을 만든다.
우리 안에 숨겨진 그 온기를 꺼내어 누군가에게 전할 때 세상은
조금 더 따뜻해지고, 삶은 한층 더 깊어져 간다.

자격, 그 안에 담긴 마음

자격은 숫자나 증명서에만 머무르지 않는다.
그것은 내면 깊숙이 쌓인 시간과 노력, 수없이 맞닥뜨린 선택의
조각들로 이루어진다.
두려움 속에서도 멈추지 않고 내디딘 걸음, 넘어지고
주저앉았다가도 다시 일어나 마음을 다잡았던 그 모든 순간들이
조용히 나의 자격을 만들어 간다.
자격은 남이 주는 이름이 아니라 내가 스스로에게 선사하는
은밀한 약속이다.
완벽하지 않아도 괜찮다.
그 불완전함마저도 포용하는 믿음의 불꽃을 꺼뜨리지 않는
용기, 그것이 진정한 자격이다.
자격은 보이지 않는 빛, 겉으로 드러나지 않는 곳에서 내 마음
한편에 은은하게 새겨진 나의 시간과 여정이 빚어낸 빛이다.

진정한 어른

어른이 된다는 건 단순히 나이가 쌓이는 일이 아니다.
그것은 삶의 무게를 고스란히 안고 그 무게를 품어 내는 마음의
깊이를 키우는 일이다.
진정한 어른은 상처를 숨기지 않고 마주하며, 아픔 속에서도
고요히 일어서는 사람이다. 흐트러진 마음을 다잡고 흔들리는
세상 속에서도 중심을 잃지 않으려 애쓰는 사람이다.
어른은 때로 부서지기도 하지만 그 조각조각을 모아 자신만의
빛나는 퍼즐을 완성한다.
완벽하지 않아도 괜찮다.
그 불완전함이 어른의 진짜 얼굴이니까.
진짜 어른은 자신의 부족함을 인정하고, 타인의 아픔에 귀
기울이며, 더 나은 사람이 되기 위해 끊임없이 노력하는
사람이다.
어른이 된다는 건 결코 멈추지 않는 성장의 여정이며, 바람에
흔들리면서도 뿌리를 깊게 내리는 나무와 같다.
그리하여 진정한 어른은 인생이라는 거친 바다를 헤쳐
나가면서도 그 안에 담긴 아름다움과 소중함을 놓치지 않는
사람이다.

상상의 날개

눈을 감으면 끝없이 펼쳐진 하늘이 있다.
그곳에서 마음은 자유롭게 날개를 펼친다.
상상은 현실이라는 무거운 땅을 벗어나 끝없는 가능성의 바람을
타고 조용히 그러나 힘차게 날아오르는 비상이다.
때로 상상의 날개는 작고 여린 깃털 같아 바람 한 점에도
흔들리지만, 그 작음 안에 담긴 무한한 힘은 어떤 폭풍도 견뎌
낸다.
상상은 내면의 불꽃이며, 깊은 어둠 속에서 나를 비추는
등불이다.
그 빛을 따라 걷다 보면 지금은 없던 길이 어느새 눈앞에
펼쳐진다.
우리가 진짜 원하는 삶은 눈에 보이는 곳에만 있지 않다.
상상의 날개를 달고 마음 한편에 숨겨 둔 꿈의 세계로 날아갈
때, 비로소 새로운 시작이 시작된다.
그래서 나는 오늘도 눈을 감고 상상의 날개를 펼친다.
그곳에서 다시 만나는 나를 믿으며, 조용히 그러나 자유롭게
날아오른다.

말보다 행동

말은 바람처럼 스쳐 지나간다.
아름다운 약속도, 진심 어린 다짐도 때로는 소리 없는 허공 속에 흩어진다.
하지만 행동은 땅을 딛고 걷는 발걸음 같다. 눈에 보이지 않아도, 흔적을 남기며 서서히 세상을 바꾸어 간다.
말은 마음의 씨앗이지만, 행동은 그 씨앗을 품고 자라나는 뿌리다. 말만으로는 바람에 날릴 뿐, 행동이 있기에 땅이 단단해진다.
때로는 조용히, 때로는 묵묵히 그 길 위에서 우리는 자신을 증명한다.
말보다 행동으로 쌓아 가는 삶은 더 깊고 진한 울림으로 세상의 마음에 닿는다.
그래서 나는 오늘도 말을 넘어, 행동으로 나아간다.
조용한 걸음마다 내리는 작은 약속으로 진짜 나를 만들어 간다.

그 이름, 친구

친구란 이름은 바람에 실려 온 따스한 속삭임 같다.
어쩌면 말보다 더 많은 시간을 말없이 함께 견뎌 낸 이들,
서로의 어깨를 빌려 눈물과 웃음을 나눈 이들이다.
친구는 삶의 계절 속에서 가장 깊고 조용한 뿌리가 되어 때로는
바람을 막아 주고, 때로는 햇살을 머금게 한다.
서로 다른 길을 걸어도 마음 한편에 자리한 그 이름은 언제나
돌아갈 수 있는 안식처고, 조용히 나를 일으켜 세우는 힘이다.
우리가 부르는 그 이름, 친구.
그건 세상 어떤 말보다 더 진실하고, 더 따뜻한 선물이다.

투지, 절대 꺼지지 않는 불꽃

투지는 우리 안에 숨 쉬는 작고도 강렬한 불꽃과 같다.
바람이 거세게 불어도 꺼지지 않고, 비바람에 젖어도 더 단단해지는 그 불꽃은 쉬지 않고 타오른다.
때론 어둠이 깊고, 길이 험난해도 투지는 손끝에서 번져 나와 마음의 어둠을 헤치고 빛을 만든다.
그 불꽃은 결코 거창하지 않다.
어제보다 한 걸음 더 나아가려는 작은 의지와 다짐 속에서 피어난다.
넘어지고 좌절해도 다시 일어나 불꽃을 지키는 용기, 그것이 바로 투지의 진짜 얼굴이다.
삶의 어느 순간에도 내 안의 이 불꽃은 절대 꺼지지 않는다.
조용히 그러나 굳건히, 나는 그 불꽃을 품고 나아간다.

착하다는 것

착하다는 것은 바람에 흔들리는 작은 꽃잎처럼 부드럽고 여린 마음을 가진다는 뜻일까.
누군가의 아픔에 조용히 귀 기울이고, 보이지 않는 상처마저도 그저 지나치지 않는 다정함.
그러나 착함은 결코 약함이 아니다.
때로는 자신을 숨기고, 타인의 무게를 홀로 감당해야 하는 견고한 강인함이기도 하다.
세상이 거칠고 무심할 때에도 여전히 마음 한편에 따스한 불씨를 지키는 일.
착하다는 것은 부드러운 강함, 조용한 용기 그리고 끝내 꺼지지 않는 사랑이다.
그래서 우리는 착한 마음을 품은 채 서로를 조금 더 깊이 이해하고 더 따뜻하게 살아가게 된다.

가장의 일

가장의 무게는 보이지 않는 그림자 같다.
조용히 그러나 묵묵히 삶의 무게를 짊어지고 한 걸음, 한 걸음, 길 위를 걸어간다.
때로는 바람에 흔들리는 갈대처럼 휘청이기도 하지만, 결코 쓰러지지 않는다.
가장이라는 이름 아래 숨겨진 수많은 밤들, 걱정과 책임이 별빛처럼 머리 위에 쏟아진다. 그 무게는 때로 말할 수 없는 외로움으로 다가오지만, 가족을 위한 마음은 따뜻한 불꽃처럼 꺼지지 않는다.
가장은 작은 등불이 되어 어둠 속에서도 길을 밝혀 준다. 모든 기대와 부담 속에서도 그는 여전히 사랑하는 마음으로 버틴다. 그 길이 힘들고 멀지라도 가족의 웃음 한 조각을 위해 오늘도 조용히 자신의 자리를 지킨다.
가장의 일은 결국, 세상 가장 단단한 사랑을 담는 일이다.

내가 나에게 보내는 칭찬

오늘도 나는 내 안에 작은 별 하나를 띄운다.
눈부시진 않아도 꺼지지 않는 그 빛을.
내가 걸어온 길 위에서 흘린 땀과 눈물, 그 모든 순간을 조용히 안아 주는 마음이다.
실수와 흔들림 속에서도 한 걸음씩 나아간 나 자신에게 가장 따뜻한 말을 건넨다.
"잘했어. 정말 잘 버텼어."
세상이 인정하지 않아도, 때론 내가 나를 몰라줘도, 나는 나의 가장 든든한 응원자가 된다.
내 안에 피어난 작은 용기와 희망, 그 무엇보다 소중한 나의 빛임을 기억하며, 오늘도 나는 나에게 고맙다고 조용히
속삭인다.
나를 위한 이 칭찬이 어제보다 조금 더 단단한 나를 만든다.

철칙 감성

반딧불

가능성, 마음속에 숨겨진 씨앗

조용한 무게의 균형

평범함과 특별함의 사이

햇살 한 줌의 따스함

시작한 뒤 안도

계획이라는 마음의 지도

잠시 멈춤의 계절

선행 학습의 정의

야경 속의 기억들

새벽에만 보이는 것

부모와 자식

밝은 색깔

충분함과 넉넉함의 차이

일당백

가족의 책임감

통쾌함과 후련함

찬란함에 숨겨진 인생

보조 배터리 충전

새로 고침

기염을 토하고

지금 여기

제 6 장

찬란하게 빛날 나를 위해

철칙 감성

철칙은 차갑고 딱딱한 법칙이 아니다.
그것은 내 마음속에 조용히 새겨진 작은 별과 같다.
어둠 속에서도 길을 잃지 않도록 나를 비추는 은은한 빛.
철칙은 강요가 아니라 약속이다.
스스로와 맺은 약속, 흔들리는 순간에도 나를 붙잡아 주는
손길이다. 쉽게 무너지지 않는 그 굳은 다짐이야말로 진정한
내면의 힘이다. 바람이 불어도 꺼지지 않는 불꽃처럼, 어떤 시련
앞에서도 나를 지켜 내는 나만의 등불이다.
때로는 엄격하지만, 그 안엔 나를 사랑하는 깊은 마음이 숨겨져
있다.
철칙은 내가 나를 존중하는 방식이자, 삶을 향한 조용한
고백이다.
그리고 그 고백은 오늘도 나를 일으켜 세운다.

반딧불

밤하늘 아래 고요한 숲속, 반딧불 하나가 조용히 빛난다.
그 빛은 크지 않지만 어둠을 뚫고 나아가는 강한 의지다.
우리도 그러하다.
세상은 때로 너무 캄캄해서 내가 내 길을 찾기 어렵게 만든다.
하지만 작은 반딧불처럼 내 안에 숨겨진 빛 하나가 있다면, 그 빛으로 자신을 비추고 어둠 속을 헤쳐 나갈 수 있다.
반딧불의 빛은 화려하지 않지만, 그 조용한 반짝임이 숲 전체를 품듯 마음을 따뜻하게 한다.
삶이 고단하고 길이 보이지 않을 때 그 빛을 기억하자. 우리 각자의 내면에도 작지만 소중한 반딧불이 켜져 있음을.
그 작은 빛들이 모여 언젠가 어둠을 밝히는 별이 되고, 우리의 길을 환하게 비출 것이다.

가능성, 마음속에 숨겨진 씨앗

가능성은 눈에 보이지 않는다.
하지만 그것은 언제나 우리 마음 깊은 곳에서 조용히 숨을 쉬고 있다.
처음에는 아무것도 아닌 것처럼 보인다.
작은 씨앗 하나.
그저 흙 속에 묻혀 있는 조용한 존재.
하지만 그 안에는 숲이 자라고, 나무가 자라고, 꽃이 필 수 있는 무한한 내일이 들어 있다.
가능성은 종종 불안과 두려움의 그림자에 가려 잊혀진다.
"나는 안 될 거야."
"이건 나랑 상관없어."
그런 말들로 우리는 스스로를 쓰러뜨리곤 한다.
그러나 기억해야 한다.
어떤 꽃도 처음부터 피어 있었던 것은 아니었다.
어떤 나무도 바람에 흔들리지 않은 채 자란 적은 없다.
가능성은 믿음에서 자란다.
작은 믿음이 하루하루 쌓이면 언젠가는 스스로도 놀랄 만큼 단단하고 찬란한 모습으로 피어난다.
가끔은 길이 보이지 않을 때, 그저 마음속의 씨앗 하나를 떠올려 보자. 물과 햇살이 필요한 것처럼 가능성도 기다림과 용기를 먹고 자란다.
당신 안의 가능성은 아직 끝나지 않은 이야기다.
지금은 조용하지만, 언젠가 분명히 당신만의 계절을 환히 피워 낼 것이다.

조용한 무게의 균형

삶은 언제나 저울 위에 놓여 있다.
무거운 일상과 가벼운 꿈, 그 사이에서 우리는 매일, 보이지 않는 균형을 잡으며 살아간다.
겉보기엔 아무 일 없는 듯 조용해 보여도 마음속엔 수많은 무게들이 포개져 있다.
타인의 기대, 스스로의 자책, 어른스러운 척해야 하는 의무들.
그 무게들을 품은 채 우리는 말없이 중심을 잡는다.
때로는 한쪽으로 기울어지고, 때로는 휘청거리며 위태로운 순간이 오지만 그 순간에도 우리는 안다. 삶이란 완벽한 평형이 아니라 흔들림 속에서도 다시 중심을 찾아가는 여정이라는 것을.
눈에 띄지 않지만, 그 조용한 노력은 결코 가볍지 않다.
오히려 가장 묵직하고 깊은 삶의 태도다.
누군가의 무게가 버거워 보일 땐 그 사람이 지키고 있는 균형의 섬세함을 떠올려 보자. 우리는 모두 보이지 않는 힘으로 하루하루를 버티고 있는 존재니까.
조용히 중심을 지켜 내는 그 마음, 그것이야말로 삶이 주는 가장 단단한 아름다움이다.

평범함과 특별함의 사이

우리는 늘 특별해지고 싶어 한다.
누군가의 기억 속에 오래 남고, 어느 순간엔 찬란히 빛나고 싶다.
하지만 대부분의 날들은 크게 주목받지 않는 평범한 일상의
연속이다.
매일 아침 같은 시간에 눈을 뜨고, 익숙한 길을 걸으며 비슷한
대화를 나누고, 해 질 무렵이면 다시 지친 몸을 이끌고 집으로
돌아온다.
그런데 문득, 그 '평범함' 속에 숨어 있는 따스함을 느낄 때가
있다.
창밖을 스치는 바람, 습관처럼 마시는 커피 한 잔, 누군가의 짧은
안부 인사처럼 사소하지만 마음을 움직이는 순간들.
특별함은 거창한 사건이 아니라 그런 평범한 하루에서
피어나는지도 모른다.
눈부시진 않아도, 꾸준히 제자리를 지키며 살아가는 일.
그 자체가 때로는 가장 깊고 아름다운 특별함이 된다.
평범함 속에 진심을 담고, 소소한 순간에 사랑을 채워 갈 때
우리는 누구보다 빛나는 존재가 된다.
그러니 조급해하지 말자.
지금 이 하루가 너무도 평범해 보여도, 그 안에는 오직 나만이
걸어온 길과 나만이 품은 이야기가 있다.
그것이면 충분하다.
우리는 이미, 평범함과 특별함 사이 어디쯤에서 아름답게
살아가고 있으니까.

햇살 한 줌의 따스함

어느 날 문득, 유난히 차가운 바람 사이로 창문 틈새를 비집고
들어온 햇살 한 줌에 마음이 멈춘다.
그건 거창한 위로도, 요란한 기쁨도 아니었다.
그저 손등 위에 조용히 내려앉은 작은 온기 하나.
바쁘게 흘러가는 시간 속에서 문득 마주한 그 따스함이 오히려
눈시울을 붉히게 한다.
아무도 보지 못한 순간에 나를 가만히 다독여 주는 빛.
햇살은 늘 말이 없다.
그러나 그 고요 속엔 "괜찮아. 넌 잘하고 있어." 하는 다정한
속삭임이 담겨 있다.
우리는 때로 거대한 위로를 찾지만, 진짜 힘이 되어 주는 건
이처럼 사소하고, 조용하지만 결코 적지 않은 온기들이다.
햇살 한 줌이 마음을 데우듯, 오늘도 누군가의 하루에 내가 그런
따뜻함으로 닿을 수 있기를.
말없이, 그러나 분명하게.

시작한 뒤 안도

시작하기 전엔 늘 두렵다.
머릿속엔 수십 가지 걱정이 둥지를 틀고, 아직 닿지도 않은
결과에 마음은 벌써 지쳐 버린다.
'과연 내가 할 수 있을까?'
'괜히 시작한 건 아닐까?'
불안은 조용히, 그러나 끈질기게 속삭인다.
그럼에도 불구하고 한 걸음 내딛는 순간이 있다.
주저하던 손끝이 움직이고, 오랜 망설임 끝에 입술이 닫히고,
마침내 시작이라는 두 글자가 현실 위에 조심스레 내려앉는다.
그리고 놀랍게도, 그 첫걸음 뒤에는 묘한 평온이 따라온다.
마치 마음 한편에서 "그래, 이걸 기다렸어." 하고 속삭이는
것처럼.
시작은 언제나 어렵다.
하지만 시작한 후의 안도는 그 모든 망설임을 조용히 덮어 준다.
결과보다 더 소중한 건 결심 끝에 나를 밀어 올린 그 작은
용기다.
완벽하지 않아도 괜찮다.
흔들려도, 더뎌도 괜찮다.
진짜 변화는 '해냈다'는 감탄보다 '드디어 시작했다'는 안도에서
비롯되니까.

계획이라는 마음의 지도

인생은 방향 없는 항해 같을 때가 있다.
막막한 바다 위에 홀로 떠 있는 것처럼 오늘과 내일이 어디로 흘러갈지 알 수 없을 때, 우리는 문득 종이 한 장 위에 마음을 그리기 시작한다.
그것이 바로 '계획'이다.
계획은 단순한 일정표가 아니다. 그건 마음 깊은 곳에서 꺼내든 작은 나침반이며, 불확실한 미래 앞에서 자신을 잃지 않기 위한 다짐의 지도다.
계획은 완벽할 필요가 없다.
가끔은 그어 놓은 선을 벗어나기도 하고, 도달하지 못한 목적지가 생기기도 한다.
그러나 중요한 건, 그 지도를 통해 나라는 사람이 어디쯤을 지나고 있는지 되묻고 바라보는 그 시선이다.
아무리 먼 길도 작은 지도 하나만 있으면 조금은 덜 두렵다.
비록 길을 잃어도 처음 그렸던 그 마음을 다시 펼치면 또다시 나아갈 용기를 찾게 된다.
계획은 삶을 통제하려는 욕심이 아니라, 흔들리는 하루 속에서도 내가 가고 싶은 방향을 스스로에게 잊지 않게 하는 속삭임이다.
오늘도 우리는 삶이라는 여백 위에 조심스레 마음의 선을 그린다.
그 선이 곧 내일의 나를 이끌 길이 되어 줄 테니.

잠시 멈춤의 계절

삶에는 누구에게나 걸음을 멈춰야 하는 계절이 찾아온다.
마음이 지쳐 더는 나아가지 못하는 순간, 혹은 앞이 보이지 않아
주저앉게 되는 날들.
그럴 땐 애써 버티지 않아도 괜찮다.
잠시 멈추어도 된다는 것을 계절은 말없이 알려 준다.
나무는 겨울이 오면 잎을 떨군다. 온몸을 가만히 웅크린 채
봄을 기다린다. 그 쉼은 포기나 퇴보가 아니라, 다시 피어나기
위한 침묵의 준비다.
우리의 삶도 그렇다.
끊임없이 달리는 것만이 정답은 아니다.
때로는 고요히 머무는 시간이 더 멀리 나아가기 위한 숨
고르기가 된다.
'멈춤'은 실패가 아닌 선택이다. 흐름을 잠시 내려놓고 자신을
들여다보는 시간. 바쁘게 지나온 날들을 조용히 되감아 보고,
놓쳐 버린 감정들을 다시 끌어안는 계절.
그 멈춤 끝에, 우리는 다시 빛을 찾는다.
가라앉은 마음에 작은 숨결 하나 스며들고, 고요한 기다림
속에서 새로운 방향이 떠오른다.
잠시 멈춘다는 건 다시 살아갈 힘을 모으는 일이다.
그러니 지금 당신이 잠시 멈추어 있다면, 그것은 계절이
당신에게 건네는 조용한 응원일지도 모른다.

선행 학습의 정의

우리는 종종 남들보다 한 발 먼저 나아가는 것이 더 나은 미래를
보장해 줄 거라 믿는다. 그래서 아직 닿지 않은 계단을 미리
오르려 애쓴다.
선행 학습이란, 아직 도달하지 않은 시간의 문을 조심스레 미리
열어 보는 일일지도 모른다. 아직 오지 않은 계절의 옷을 꺼내
입고, 익숙하지 않은 낯선 개념들을 마음에 얹어놓는다.
이해보다 암기를 먼저 택하고, 느낌보다 속도를 앞세운다.
남들보다 먼저라는 조급함은 때때로 아이들의 눈빛에서
호기심을 지우고, 성장의 시간을 숨가쁘게 만든다.
하지만 진짜 학습은 꽃이 피는 속도처럼 저마다 다르다. 누구는
봄에 피고, 누구는 가을이 되어야 만개한다.
선행이 필요할 때도 있지만, 그보다 중요한 건 자신의 리듬을
잃지 않는 것이다.
미리 배운다는 것은 준비된 마음으로 미래를 맞이하기 위한
선택이어야지 타인의 속도에 끌려가는 강박이 되어선 안 된다.
아이는 지식을 빨리 아는 것보다 세상을 깊이 느끼고, 자신만의
방식으로 이해할 줄 아는 사람이 되어야 하니까.
선행 학습의 정의는 '먼저'가 아니라 '바르게' 배우는 것.
그 마음이 자라나는 속도를 조금 더 따뜻하게 기다려 줄 수
있다면 학습은 더 이상 부담이 아닌, 스스로를 키워 내는 즐거운
여정이 될 것이다.

야경 속의 기억들

도시는 밤이 되어서야 진짜 얼굴을 드러낸다.
하루의 소란이 가라앉고, 불빛 하나하나가 저마다의 사연을 품고 반짝이는 그 시간.
나는 자주, 야경 속에 묻어 둔 기억들을 꺼내어 본다. 창밖으로 흐르는 불빛은 어쩐지 오래된 필름처럼 마음을 되감게 한다.
수많은 날들 속에서 미처 꺼내지 못한 말, 끝내 전하지 못한 마음, 그 모든 조각들이 불빛 사이사이 떠다닌다.
고요한 도심의 그림자 아래, 한때 웃고 울었던 사람들의 얼굴이 스쳐 간다. 함께 걷던 골목, 멀어지는 뒷모습, 그리움이 물결처럼 일렁인다.
야경은 단지 풍경이 아니다.
그건 나를 지나온 시간이 조용히 숨 쉬는 풍경이다.
깊은 어둠을 배경 삼아 내 마음속 어딘가에서 여전히 반짝이는 기억들. 그 기억들이 있어 나는 지금도 혼자이지 않다. 흘러간 것들이 다 사라지는 건 아니니까.
때로는 반딧불처럼, 때로는 별빛처럼, 그들은 여전히 내 안에서 은은하게 빛난다.
오늘도 어김없이 도시의 밤은 불을 밝히고, 나는 그 속에서 조용히 나만의 기억을 꺼내어 안아 본다.

새벽에만 보이는 것

세상이 가장 고요해지는 시간, 새벽은 낮과 밤이 잠시 마주 잡는 틈 사이에 존재한다.
모두가 잠든 어둠 속, 낮의 소음은 잠잠해지고 시간조차 숨을 죽인 듯 멈춰 있다. 그 고요 속에서야 비로소 나는 나를 마주하게 된다.
낮에는 미처 들리지 않던 마음의 소리, 무심히 지나쳤던 감정의 그림자들이 새벽의 찬 공기를 타고 천천히 떠오른다. 눈부신 낮에는 보이지 않던 것들이 이 어두운 새벽에는 또렷이 빛난다. 어쩌면 우리는 너무 밝은 빛 속에 있을 때 가장 소중한 것을 잃고 살아가는지도 모른다.
새벽은 나를 투명하게 만든다.
허세도, 체면도, 속도도 벗겨진 채 가장 진솔한 내면으로 돌아가 조용히 묻는다.
"지금, 괜찮니?"
눈물이 흐르지 않아도 슬픈 날이 있고, 말하지 않아도 위로가 필요한 순간이 있다.
새벽은 그런 날의 어깨를 조용히 감싸 주는 시간이다. 아무 말 없이, 그저 가만히 함께 있어 주는 존재처럼.
하루의 끝이자 또 다른 하루의 시작인 그 경계에서 우리는 비로소 가장 나다운 나로 존재할 수 있다. 새벽이니까.
그제야 보인다.
낮에는 미처 볼 수 없던 내 마음의 가장 깊은 곳이.

부모와 자식

부모와 자식은 마치 서로 다른 강물이 만나 하나의 바다를 이루는 관계 같다.
서로 다른 길을 걸어왔지만, 그 깊은 곳에서 닿아 같은 파도를 만들어 낸다.
부모는 언제나 묵묵한 등불이다. 가끔은 바람에 흔들리기도, 깜빡이기도 하지만 결코 꺼지지 않는 그 불빛은 자식의 길을 비추는 작은 별이다.
자식은 바람 같다. 부모 곁에서 시작해 때로는 세찬 바람으로, 때로는 부드러운 바람으로 세상을 향해 나아간다.
그 바람이 강할수록 부모의 등불은 더욱 밝게 빛난다.
때론 바람이 거칠어 불빛을 흔들지만, 그 흔들림 속에서도 부모는 흔들리지 않는다.
부모가 남긴 자국은 눈에 보이지 않는 뿌리처럼 깊다. 그 뿌리 덕분에 자식은 바람에 흔들려도 쓰러지지 않고 하늘 높이 날 수 있다.
서로를 완벽히 이해하지 못해도 괜찮다. 서로가 가진 서로 다른 색과 향이 만나 비로소 하나의 꽃을 피우는 법이다.
부모와 자식, 그 관계는 사랑이라는 이름의 무한한 순환이다.
주고받고, 안아 주고, 때로는 놓아주면서 우리는 서로의 삶 속에서 조금씩 더 깊어지고 커져 간다.
그 속에서 비로소 알게 된다.
진짜 사랑은 완벽함이 아니라 서로의 부족함을 안아 주는 따뜻한 마음이라는 것을.

밝은 색깔

어느 순간부터 우리는 자신의 색깔을 찾으려 애쓴다.
밝은 색깔은 흔히 기쁨과 희망을 떠올리게 한다. 노란 햇살처럼
따스하게, 푸른 하늘처럼 맑게, 분홍빛 꽃잎처럼 부드럽게.
하지만 밝음은 단지 외면의 빛남만을 뜻하지 않는다.
그 속에는 어둠을 뚫고 나온 용기와 긴 시간 걸어온 흔적들이
숨겨져 있다.
밝은색은 때로는 아픈 마음이 색을 뚫고 나오는 순간이기도
하다. 상처 위에 물감을 칠하듯, 눈물 위에 햇살이 내려앉듯, 그
빛은 어둠과 맞닿아 더욱 깊어진다.
내가 가진 가장 밝은 색깔은 결코 거짓이 아니다.
그것은 나만의 시간 속에서 수없이 흔들리고, 무너지고, 다시
일어나면서 쌓인 진짜 이야기다.
그래서 나는 오늘도 나의 밝은색을 꺼내 든다.
조용하지만 선명한 빛으로 나의 세계를 조금 더 환하게
물들이기 위해.

충분함과 넉넉함의 차이

충분함은 마음의 작은 그릇 같다.
내게 필요한 만큼의 물이 채워져 더 이상 바라지 않아도 되는
순간. 그 안에는 불안도 욕심도 없고, 조용한 만족감이
자리한다.
넉넉함은 그보다 한 뼘 더 큰 바다다. 내가 가진 것을 넘어서
다른 이에게도 미소 짓게 하는 여유, 마음의 문을 활짝
열어젖히는 품이다.
충분함이 나를 지키는 울타리라면, 넉넉함은 세상을 감싸는
포옹이다.
때로 우리는 '충분함'에 머무르며 안전한 곳에 머물고 싶어 한다.
하지만 넉넉함은 두려움을 넘어선 용기에서 피어난다. 남은 것에
감사하고, 나누고 싶은 마음에서 자라난다.
충분함은 내 안의 평화고, 넉넉함은 그 평화가 흘러나와
누군가의 마음까지 따뜻하게 하는 힘이다.
그래서 나는 오늘도 충분함을 느끼고, 넉넉함으로 세상을
품으려 애쓴다.
작지만 깊은 그 차이를 가슴에 품고서.

일당백

한 사람이 품은 작은 불씨가 어둠을 뚫고 빛으로 번져 가듯,
일당백의 힘은 결코 숫자로만 재지 못한다.
수많은 바람 속에서도 꺼지지 않는 그 불꽃은 혼자서도 세상을
움직일 듯한 무게를 지닌다.
때로는 외롭고 버거운 싸움일지라도, 그 불씨 하나가 모여서
수많은 마음에 불을 지핀다.
일당백이란 단순한 수치가 아니라 내 안에 숨겨진 조용한
투지이자 포기하지 않는 의지의 이름이다.
작은 한 걸음, 미약한 소리, 그 모든 것이 모여 큰 바람이 되어
삶의 무게를 이겨 내게 하는 힘.
한 사람이 세상을 바꾸기란 어려워 보여도, 그 마음이
단단하다면 이미 백 사람의 무게를 견디고 있는 것이다.
오늘도 나는 그 한 사람이 되려 한다.
혼자라 느껴질 때조차도, 나의 불꽃은 꺼지지 않을 테니.

가족의 책임감

가족이란 서로 다른 빛을 내는 별들이 한 하늘 아래 모여
만들어 낸 은하수 같다.
그 별 하나하나는 각기 다른 온도와 색을 품었지만, 함께 모여
있을 때 비로소 깊고 넓은 빛을 낸다.
책임감은 그 별들을 잇는 보이지 않는 실, 어쩌면 보듬고
지키려는 마음의 숨결이다. 때로는 무겁게 어깨를 누르기도
하고, 조용히 마음 한편을 따스하게 데우기도 한다.
책임감은 거창한 언어가 아니다.
작은 손길 하나, 지친 이의 어깨를 살며시 감싸안는 온기,
한숨을 들여다보는 고요한 눈빛, 말없이 곁을 지키는 그 모든
순간이다.
그것은 나를 넘어 누군가를 위한 마음, 그리하여 서로를 잇고,
살아가게 하는 힘이다.
가족의 책임감은 무거운 짐이 아닌, 함께 걸어가는 길 위에서
발견하는 가장 따뜻한 동행의 약속이다.
그래서 오늘도 나는 그 약속을 가슴에 품고 조용히 앞으로
나아간다.

통쾌함과 후련함

가끔은 마음 한구석이 답답해 숨이 막힐 때가 있다. 속에서
부글부글 끓어오르는 감정들이 마치 갇힌 물줄기처럼 터져
나오길 갈망한다.
그럴 때 찾아오는 통쾌함은 마치 꽉 막힌 강물이 갑자기 뚫리며
흐르기 시작하는 순간과 같다.
가슴속 깊은 곳에 쌓였던 무거운 돌덩이가 한순간에 굴러떨어져
바닥에 닿는 소리처럼, 그 소리는 작지만 명확한 해방의 노래다.
통쾌함은 단순한 기쁨을 넘어 내 안의 감정들이 자유로워지는
해방구다. 그리고 그 뒤에 찾아오는 후련함은 촉촉한 비가 내린
뒤 맑아진 하늘처럼 마음 한편을 깨끗이 씻어 준다.
후련함은 무거웠던 마음이 가벼워지고, 흐릿했던 생각이
선명해지며 새로운 시작을 위한 숨을 고르는 순간이다.
통쾌함과 후련함은 서로를 닮았다.
서로가 만나 완성되는 마음의 춤사위다.
그래서 우리는 오늘도 마음 깊은 곳에서 속삭이는 그 작은
바람을 따라 통쾌함과 후련함의 길을 걷는다.
마음의 문이 활짝 열리는 그 순간까지.

찬란함에 숨겨진 인생

인생은 마치 태양 빛에 반짝이는 바다처럼 찬란하다.
반짝이는 순간들은 우리 눈을 사로잡고, 세상의 모든 빛을 한껏 품은 듯 빛난다.
그러나 그 빛나는 순간들 뒤에는 어둠과 고요함이 함께 숨어 있다.
찬란함은 가끔은 화려한 겉모습일 뿐, 그 안에 담긴 수많은 고요한 밤과 눈물 어린 기다림, 조용히 견뎌 온 시간이 숨겨져 있다. 빛나는 꽃 뒤에 깊은 뿌리가 있듯, 우리의 찬란한 순간들 역시 고단한 뿌리에서 피어난 것이다. 그리하여 인생은 찬란함과 그림자가 조화롭게 어우러진 풍경이다.
우리가 반짝임만을 좇을 때, 그 이면에 깃든 고요함을 잊기 쉽다. 하지만 그 어둠과 고요함 없이는 진정한 빛도 존재할 수 없다.
찬란함은 결국 깊은 내면의 어둠과 인내가 만들어 낸 기적이다.
그래서 우리는 오늘도 빛나는 순간만큼이나, 그 뒤에 숨겨진 조용한 시간에 마음을 기울여야 한다.
그 속에서야 비로소 우리 인생의 진짜 찬란함을 마주하게 될 테니.

보조 배터리 충전

하루의 끝자락, 지친 몸과 마음도 함께 전기가 다해 간다.
우리가 매일 들고 다니는 작은 보조 배터리처럼 어느새 힘이
빠지고 지쳐 가는 순간이 찾아온다.
그럴 때면 조용히 충전기를 꽂는다. 전류가 흐르며 서서히 다시
살아나는 듯, 차가운 금속 속에 숨겨진 생명이 깨어난다.
우리도 마찬가지다.
살아가는 동안 스스로를 채워야 할 순간이 있다. 잠시 멈춰
서서, 깊은 숨을 들이켜고, 마음속 어딘가에 충전기를 꽂는 일.
그 충전은 거창한 휴식일 수도, 작은 위로의 말 한마디일 수도,
가까운 이와 나누는 진솔한 대화일 수도 있다.
충전이 되어야 다시 빛날 수 있듯, 우리도 충전되어야 비로소
다시 한 걸음 힘차게 내딛는다.
때로는 보조 배터리처럼 외면받는 것 같아도, 충전 중인 시간은
결코 헛되지 않다. 그 시간이 있어야만 내일의 길은 또렷하고,
삶은 조금 더 견고해진다.
그래서 오늘도, 내 안에 숨겨진 보조 배터리를 위해 조용히
충전의 시간을 허락한다.
나의 내일을 위해, 가장 소중한 나를 위한 작은 전류를 흐르게
하며.

새로 고침

컴퓨터 화면처럼 우리 마음에도 때로는 '새로 고침'이 필요하다.
수많은 생각과 감정들이 뒤엉켜 흐려진 창문을 닦아 내고, 낡은
기억과 무거운 마음을 잠시 내려놓는 시간.
새로 고침은 지우는 것이 아니라, 다시 보는 일이다. 지친 마음에
신선한 공기를 들이마시고, 흐릿했던 시야를 맑게 비추는
순간이다.
그동안 붙잡았던 무거운 감정들이 조용히 흩어지고, 마음
한편에 숨겨 둔 작은 희망들이 조금씩 빛나기 시작한다.
새로 고침은 결코 실패가 아니다.
오히려 다시 시작할 용기를 주는 선물이다.
우리는 매일 같은 자리에서 새로 고침 버튼을 누를 수 있다.
과거의 무게를 내려놓고, 지금 이 순간에 집중하며 다시 한번
자신을 마주하는 일. 때로는 느리게, 때로는 조용히, 그러나
분명하게 다시 시작하는 그 힘.
그것이야말로 우리 삶을 더욱 깊고 단단하게 만드는 가장
아름다운 새로 고침이다.

기염을 토하고

삶은 때때로 조용한 숨결을 넘어 폭풍처럼 내면을 뒤흔든다.
마음속 깊은 곳에서 끓어오르는 뜨거운 기운이 가만히 눌려
있던 감정을 폭발시키듯, 기염을 토하듯 터져 나온다.
그 불꽃은 단순한 분노나 울분이 아니다. 오랜 시간 쌓여 온
갈망과 아픔, 그리고 부서지지 않으려는 의지의 불씨다.
기염을 토하는 순간, 우리는 비로소 자신을 똑바로 바라본다.
감춰 왔던 진심이 목소리를 얻고, 숨죽였던 꿈들이 다시
살아난다.
그 불꽃은 일시적인 소란이 아니라 새로운 시작을 알리는
신호다.
폭발 뒤에 남은 재 속에서 우리는 다시 싹을 틔운다.
기염을 토하는 용기, 그 불꽃을 마주할 때, 비로소 우리는 진짜
나아갈 길을 찾는다.
가끔은 크게 소리 내어, 세상에 나를 알리는 것만으로도
충분하다.
그 한 번의 외침이 내 안에 숨겨진 빛을 깨우고, 더 단단한 나를
만든다.

지금 여기

과거는 멀리 떠나간 배처럼 손에 잡히지 않고, 미래는 아직 닿지 않은 안갯속 같다.
그러나 우리에게 주어진 가장 확실한 시간은 바로 '지금, 여기'다.
지금 이 순간, 내 안의 숨결이 천천히 흐르고, 발밑의 땅이 묵묵히 나를 받쳐 준다. 바람이 스쳐 지나가고, 햇살 한 줄기가 조용히 마음을 어루만진다.
'지금, 여기'는 가장 작은 것들이 가장 큰 의미가 되는 자리다.
지나간 기억들이 빚어낸 나, 그리고 아직 오지 않은 시간 속의 내가 이곳에서 조우한다.
우리가 할 수 있는 것은 그저 이 순간에 온전히 머무는 일.
바쁘게 달려온 길을 잠시 멈추고 지금 이 자리에서 숨을 깊이 들이쉬고 내쉬는 것.
'지금, 여기'는 우리의 뿌리이자 날개다.
과거의 무게를 견디게 해 주고, 미래로 한 걸음 내딛게 하는 힘.
오늘, 이 순간 내 안의 시간을 사랑할 때, 삶은 비로소 의미를 찾는다.

| 이별보기 |

쌍둥별 세상 속에서 우리도 자주, 아주 자주, 배가 진짜로
생각할 겨를 없이 움직일 때
타인의 시선, 사물의 속도, 균열의 비명이 총동 속에 내
안에서 조용히 잠복해 있다가 순간 확 하고 폭발적인 힘으
로 튀어나간다.
휘어진다.
그리고 그 분을 아사리지 채
발을 얻었다고 휘저 몸에서 멀어지지 않은 줄에 아니까
그 조용함은 휘휘이지는, 내 안 아다기에서 솟인 채
담긴 채 웃고 있습니다.
기다리지 않았습니다.
내가 다시 곡 눈을 뚜렷하기를, 꿈 버려 솟은 내밀이 쓰기를
마련입니다.
배어의 앞주리는 자신을 단련합니다.
속도 분명, 세체의 정확 속에서 내 이름을 부르고,
빠르게 지나침 바람이 틈 사이로 조용히 스며듭니다.
그리고 그 흉진 앞에 마주 앉은 때, 나는 그 비로소 자신에게

| 이펠로그 |

다시, 그리고 더 나루게.

시작합니다.

길게 내쉬 아이거는, 지금 이 장을 중단하고 싶으니다.

나를 신경 쓰지 않고 이불고 있는 것을.

확인하며, 내면의 경험들이 깊어진 장소에 걸어

들어간다. 그러나 경이로움 없이는 결코 완성될 수

없다. 그러나 단순히 경이로워 한다.

오랜 시간 나무 기다려 온, 순수함은 이순한 그 복소리를 따라

다시 깨어난 숨의 결이 본다.

이제 나는, 전에 마음이 갔던 글을 쓰면서 조심스럽게

비로소 내가 수집했던 내 안의 순간이 필쳐지는 것을.

답아내고 싶었던 것이다. 그 마음이 움직을 감 때에야

깨달았다. 그 조용함이 에게 이면함을 누구 것이 낯설

그리고 이제야, 그 이야기들이 자기 자리를 찾아

펜들로 조금씩 한거져 온다.

홀러가 평어 내는 그 순간, 비로소 이완되고,

홀러간 나는 그 단순한 마루라로 웃고 있어 시작한다.

사랑받을 수 있는 허용을 얻은 것.

그 아무도 정확리라 나의 평면으로, 조용히 그려나가

누구르든 뚝으로 흐르가, 목숨이 생각진 자리를 찾아가기

들어 내면을 임이로 타온했고, 그래서 더 순수했습니다.

"그 오랜 응고 아직도 더 안에 있다.".

"나는 무슨 알을 향하고 사용이다."

가쁨 조건런 질문을 전한다.

171